OSKAR KÖNIG

OSTERN neu erleben

SCM
R.Brockhaus

SCM

Stiftung Christliche Medien

SCM R. Brockhaus ist ein Imprint der SCM Verlagsgruppe,
die zur Stiftung Christliche Medien gehört, einer gemeinnützigen
Stiftung, die sich für die Förderung und Verbreitung christlicher
Bücher, Zeitschriften, Filme und Musik einsetzt.

2. Auflage 2023
© 2023 SCM R. Brockhaus in der SCM Verlagsgruppe GmbH
Max-Eyth-Straße 41, 71088 Holzgerlingen
Internet: www.scm-brockhaus.de; E-Mail: info@scm-brockhaus.de

Idee: Michael Hoffmann
Leitung und Konzeption: Theresa Mirkes, Markus Heusser
Recherche: Vanessa Friesen, Theresa Pross
Autorinnen und Autoren: Rubina Bruck, Sandra Daub, Elisabeth Eberle, Malte Eberle,
Vanessa Friesen, Katharina Große, Markus Heusser, Michael Hoffmann, Larissa
Leuschner, Annett Liebe, Theresa Mirkes, Theresa Pross, Markus Scholz
Lektorat: Marcus Beier
Gesamtgestaltung: Grafikbüro Sonnhüter, www.grafikbuero-sonnhueter.de
Bilder und Illustrationen (shutterstock): Yuliya Derbisheva VLG, lavendertime, chrupka,
U-Design (Cover, Schmuckelemente), Jiri Hera (S.13), Daria Doroshchuk (S. 19),
jannoon028 (S. 23), PitukTV (S. 29), Kletr (S. 30), Yana Skidanenko (S. 33), Seregam
(S. 35), Photo Melon (S. 39), New Africa (S. 41), Eric Isselee (S. 46), Irina Fischer (S. 50),
Den Rozhnovsky (S. 58), gmstockstudio (S.61), Maksim Ankuda, Boyko.Pictures (S. 137)
Druck und Bindung: Dimograf Sp. z o.o.
Gedruckt in Polen
ISBN 978-3-417-00047-4 · Bestell-Nr. 227.000.047

INHALT

2 Wochen vor Ostern

Die Woche vor Ostern

Zum Vertiefen

Wer ist Oskar König?

Oskar König – das ist der Name, der in diesem Buch an der Stelle steht, an der man normalerweise den Namen des Autors findet. Aber dieser Oskar ist kein tatsächlicher Autor. Der Name ist ein Pseudonym. Er steht für mehr als 2000 Menschen bei *Weihnachten neu erleben,* die eines verbindet: die große Leidenschaft, die Geschichten hinter den großen christlichen Festen lebendig werden zu lassen. Vierzehn von ihnen haben als Team gemeinsam die Texte für dieses Buch geschrieben.

   Viel Freude beim Eintauchen, Entdecken, Suchen und Finden von Osterüberraschungen!

4
WOCHEN
VOR OSTERN

SONNTAG
Das längste Wochenende des Jahres

Was man über Ostern wissen muss:
Donnerstag ist wie Freitag.
Freitag ist wie Samstag.
Samstag bleibt Samstag,
geht aber bis Sonntagabend.
Montag ist Sonntag.

@echtepapas

Ist Ostern tatsächlich einfach das längste Wochenende des Jahres, gerade lange genug für einen Kurzurlaub in den warmen Süden? Und Grund, endlich die Sterne der Weihnachtsdeko abzuhängen und durch schöne Deko-Eier an blühenden Ästen zu ersetzen?

Laut Wikipedia ist Ostern das wichtigste Fest des Christentums. Die 2,2 Milliarden Christen weltweit müssten also begeistert sein von diesen vier Tagen. Begeistert von der Erinnerung an die Ereignisse, die vor 2000 Jahren die Grundlage für die heute größte Weltreligion gelegt haben.

Aber 2000 Jahre sind eine lange Zeit. Viel von der Begeisterung scheint unterwegs auf der Strecke geblieben zu sein.

Wir haben uns auf die Suche gemacht. Nicht nur auf die Suche nach einem der 220 Millionen Schokohasen, die jedes Jahr allein in Deutschland hergestellt werden. Nein, auf die Suche nach dem Ursprung von Ostern. Denn wir wollen die Osterfreude zurück.

Dieses Osterfest wollen wir nicht einfach vorbeiziehen lassen. Es soll mehr werden als ein langes Wochenende, mehr als eine kurze Verschnaufpause im stressigen Alltag. Wir spüren, dass da so viel drinsteckt an Hoffnung, an Erfüllung, an Leben.Und wir möchten mit dir teilen, was wir für uns neu entdeckt haben!

Um Ostern neu zu erleben, um von der Tragweite von Ostern begeistert zu werden, reicht es nicht, zu wissen, was sich an Gründonnerstag, Karfreitag und Ostersonntag ereignet hat. Die Freudenbotschaft von Ostern nennen Christen bis heute »das Evangelium«. Das kommt aus dem Griechischen und bedeutet »gute Botschaft« oder »frohe Nachricht«.

Das Evangelium ist keine Theorie, keine Verkettung von Ereignissen. Es ist eine Begegnung mit der faszinierendsten, umstrittensten und liebevollsten Persönlichkeit, die je ihren Fuß auf diesen Planeten gesetzt hat: Jesus von Nazareth.

Die ursprünglichen Berichte über Ostern

Die Berichte über den Ursprung von Ostern und über das Leben von Jesus wurden von vier Zeitzeugen verfasst:
Markus, Matthäus, Lukas und Johannes.
Wir verwenden Zitate aus ihren Texten, den sogenannten Evangelien, die wir in der Bibel finden.
Die Stellenangaben, um die Geschichten in der Bibel nachzulesen, findest du in den Anmerkungen.
Es liest sich z. B. Johannes 3, Vers 16. Das bedeutet, dass dieses Zitat in dem Evangelium von Johannes im dritten Kapitel und in Vers 16 zu finden ist.

Ganz egal, ob du dich zu den 2,2 Milliarden Christen zählst, die ihren Glauben auf Jesus Christus zurückführen, oder ob du mit Ostern bisher nur ein verlängertes Wochenende verbindest: Wir sind überzeugt, dass es sich lohnt, den Geheimnissen rund um Jesus auf die Spur zu kommen. Danke, dass du dich mit uns in den kommenden vier Wochen auf die Oster-Suche machst!

Ostern neu erleben

In den ersten drei Wochen kannst du dich mit kurzen täglichen
Impulsen so richtig in Osterstimmung bringen lassen –
wie mit einem Oster-Adventskalender. In diesen 21 Tagen
beleuchten wir aus unterschiedlichen Perspektiven die Ereignisse
im Leben von Jesus und verschiedene Oster-Traditionen –
mal humorvoll, mal herausfordernd, aber immer ehrlich
und ermutigend.

In den Kapiteln der Woche vor Ostern tauchen
wir noch tiefer ein. Nimm dir hier ruhig ein wenig mehr Zeit,
um den Ereignissen an Ostern vor 2000 Jahren und ihrer
Bedeutung für uns heute auf den Grund zu gehen.

MONTAG
Erfüllt statt überfüllt

Es ist zwar schon etwas länger her. Aber du erinnerst dich bestimmt noch an die fröhliche, gemütliche Adventszeit, mit leckeren Plätzchen, Glühwein und voller Besinnlichkeit. Ja, da haben sich die Christen doch etwas Schönes einfallen lassen!

Und nun stehen wir hier am Ende des kalten Winters – der Frühling naht endlich – mitten in der besinnlichen Vorosterzeit.

Halt. Stopp.

Vorosterzeit? Gibt es das eigentlich? Die Osterdeko steht, und dann? Ja, gut: Es gibt die vorösterliche Fastenzeit. Aber die macht nun wirklich keinen Spaß. Eine Zeit des Verzichts – mit leerem Magen, ohne Glitzer und Kerzenschein. Was haben sich die Christen denn dabei gedacht? Das ist doch das komplette Gegenteil unserer geliebten 24 Geschenke aus dem Adventskalender. In der Fastenzeit steht Verzichten statt Genießen auf dem Plan. Mangel aushalten anstatt sich an der Fülle freuen.

> **Eine Zeit des Verzichts – mit leerem Magen, ohne Glitzer und Kerzenschein. Was haben sich die Christen denn dabei gedacht?**

Aber ist das wirklich so? Lass uns diese besonderen Tage aus einem anderen Blickwinkel betrachten.

Als Jesus ungefähr 30 Jahre alt war, trat er seine große Lebensaufgabe an. Er begann, seine Begleiter auszuwählen und zu lehren. Er predigte vor Tausenden Zuhörern, vollbrachte ein Wunder nach dem anderen und heilte unzählige Kranke. Vor diesem wichtigen Schritt in die Öffentlichkeit fastete er 40 Tage lang. Wo? In der Wüste in Israel, seinem Heimatland.

Nicht nur kein Essen und Trinken, sondern auch noch die karge, unbarmherzige Landschaft der Wüste – ganz schön heftig! Es war eine extrem herausfordernde, aber auch eine sehr wichtige Zeit für Jesus: Er bereitete sich auf seinen nahenden Auftrag vor. Jesus lebte schon damals vor, was er später predigte: Der Mensch lebt nicht vom Brot allein!

Weniger ist mehr.

Natürlich braucht der Mensch Essen und Trinken zum Leben. Aber wir spüren auch, dass das noch nicht alles ist. Wenn wir auf Nahrung verzichten, können wir diesem »nicht vom Brot allein« auf die Spur kommen. Es gibt noch mehr!

Gezielt statt gehetzt.

Fasten heißt, auf einmal Zeit übrig zu haben. Zeit, die wir sonst zum Kochen und Essen (oder wenn du zum Beispiel auf Netflix verzichtest, fürs Serien-Schauen) benötigen. Zeit, in der wir zur Ruhe kommen können. Und das wiederum hilft uns, zu fokussieren, uns auf das Wesentliche auszurichten.

Erfüllt statt überfüllt.

Fasten heißt, die vollen Hände zu leeren und loszulassen. Eine entspannte, leere Hand hat Kraft und Platz, neu festzuhalten. Bewusst nach etwas Neuem zu greifen. Und etwas, das wir neu erleben können, liegt zum Greifen nahe: Ostern.

Das Thema Fasten vertiefen

Ab Seite 127 findest du ein ganzes Kapitel zum Fasten.
Hintergründe, weitere Infos und auch eine ganz praktische
Möglichkeit, eine Zeit des Fastens zu erleben.

Und wer weiß, vielleicht wird ja auch die Fastenzeit
zu einer ganz neuen Lieblingszeit für dich.

DIENSTAG
Für!

Dass Ostern ein kirchlicher Feiertag ist, ist für große Teile der Gesellschaft nicht wirklich ein Qualitätsmerkmal, sondern eher ein Problem. Ihr Gefühl sagt:»Kirche ist nichts für mich. In der Kirche habe ich keinen Platz.« Oder:»Menschen, die mir wichtig sind, haben dort keinen Platz.« Ihr Bild von Kirche ist: gegen Spaß, gegen Andersdenkende, gegen Reichtum, gegen Sex. Kurz: Kirche ist *gegen*. Dass ausgerechnet Christen das Image haben, sich abzugrenzen, ja sogar Menschen auszugrenzen, ist eigentlich ein Drama. Denn Jesus hat genau das Gegenteil vorgelebt.

Drei Beispiele: Die religiösen Gebote erlaubten es den Juden damals nicht, sich mit Ausländern und Menschen anderer Religion zu vermischen. Daher wurden Ausländer von strenggläubigen Juden gemieden. Sie reisten auch nicht durch Regionen, in denen sogenannte Heiden wohnten. Auch Jesus kann durchaus zu den strenggläubigen Juden gezählt werden. Er nahm die Gebote absolut ernst. Trotzdem tat er etwas absolut Unerwartetes: Er ging in die Regionen, die eigentlich gemieden wurden, und predigte dort. Er sprach mit den Andersgläubigen und heilte sogar viele von ihnen. Denn Jesus ist *für* die Menschen. Für alle.

Dass Jesus als jüdischer Rabbi[a] eine fremde Frau ansprach, war undenkbar in dieser Zeit. Aber Jesus ging noch weiter: Er unterrichtete Frauen sogar! Bildung war damals in der Regel Männern vorbehalten.

---

a) Ein Rabbi ist bis heute ein geistlicher, jüdischer Lehrer. Rabbis scharen Schüler um sich und lehren aus der Thora, den 5 Büchern Mose. Zur Zeit von Jesus waren sie im Volk Israel sehr geachtet und einflussreich. Rabbi bedeutet auch»Meister«, was seine Position gut beschreibt.

Aber Jesus war nicht einfach seiner Zeit voraus. Nein, er ist *für* die Menschen, eben auch unabhängig von ihrem Geschlecht.

Bis heute ist es so, dass Kinder zwar als sehr wichtig für die Gesellschaft gelten und dass viel Geld für sie ausgegeben wird, für ihre Betreuung, ihre Bildung und für außerschulische Angebote.

Dass ausgerechnet Christen das Image haben, Menschen auszugrenzen, ist eigentlich ein Drama! Denn Jesus hat genau das Gegenteil vorgelebt.

Und doch erleben Kinder heute wie früher, dass sie von den Erwachsenen oft als belastend empfunden werden. Sie sind zu laut. Sie blockieren die eigene Karriere. Sie werden manchmal sogar im Gottesdienst als störend empfunden, wenn die Erwachsenen andächtig zuhören wollen. Aber Jesus ist *für* sie.

Als ihm in einer Situation einige Kinder gebracht wurden, versuchten die Männer, die mit ihm unterwegs waren, sie ihm vom Leib zu halten. Was wollte er mit diesen Störern? Als Jesus das bemerkte, wurde er ärgerlich und sagte:»Lasst die Kinder zu mir kommen. Hindert sie nicht daran! Denn das Reich Gottes gehört Menschen wie ihnen.«[1]

Wir alle brauchen es so dringend, zu erleben, dass jemand für uns ist, dass wir zu 100 Prozent angenommen sind! Und das führt uns zurück zu Ostern. Denn es ist eben nicht einfach nur ein kirchlicher Feiertag. In seiner ursprünglichen Bedeutung ist es das Fest, an dem wir feiern, dass Jesus *für* alle Menschen ist – auch für uns.

»Wer sollte uns verurteilen? Christus Jesus selbst ist ja für uns gestorben. Mehr noch, er ist der Auferstandene. Er sitzt auf dem Ehrenplatz zur rechten Seite Gottes und tritt für uns ein.«[2]

Genau dieses *Für* von Jesus ist der Grund, warum wir glauben, dass es sich heute noch lohnt, Ostern neu zu erleben. Ostern zu feiern heißt, sein *Für* zu feiern.

MITTWOCH
Ausgesorgt

»Was soll ich bloß kochen, wenn an Ostern die ganze Familie antanzt? Und wie bringe ich nur den Garten rechtzeitig auf Vordermann?« – Das sind heute vielleicht noch die leichtesten Zukunftsfragen. Die etwas kniffligeren sind dann etwa solche: Wie geht es nach dem Studium weiter? Könnte ich durch eine Krise meine Arbeitsstelle verlieren? Wird mein Kind die Schule schaffen? Was, wenn das Geld nicht reicht?

Solche Fragen können uns schlaflose Nächte bereiten. Unsere kleinen und großen Sorgen nehmen uns ganz schön in Beschlag. Es fällt uns schwer, im Hier und Jetzt zu sein. Wir sind uns selbst gerne einen Schritt voraus. Obwohl wir gerade noch auf der Arbeit sind, gehen wir gedanklich schon einkaufen. Obwohl wir gerade noch bei einem wichtigen Telefonat sind, scannen wir gedanklich den nächsten Punkt auf der To-do-Liste.

Wir sind uns selbst oft einen Schritt voraus. Während wir noch arbeiten, gehen wir gedanklich schon einkaufen.

Auch wenn die Zuhörer und Freunde von Jesus damals noch keine Smartphones hatten, nicht immer erreichbar waren und nicht nahezu in Echtzeit das ganze Weltgeschehen verfolgen konnten, hatten sie doch genauso wie wir ihre kleinen und großen Sorgen. Und Jesus predigte nicht einfach darüber hinweg, sondern nahm sie ernst. Dennoch sagte er ganz klar:»Sorgt euch nicht um euer tägliches Leben – darum, ob ihr genug zu essen, zu trinken und anzuziehen habt … Schaut die Vögel an. Sie müssen weder säen noch ernten noch Vorräte ansammeln, denn euer himmlischer Vater sorgt für sie. Und ihr seid ihm doch viel wichtiger als sie. Und warum sorgt ihr euch um eure Kleider? Schaut die Lilien an und wie sie wachsen. Sie arbeiten nicht und nähen sich keine Kleider. … Wenn sich Gott so wunderbar um die Blumen kümmert, die heute aufblühen und schon morgen wieder verwelkt sind, wie viel mehr kümmert er sich dann um euch?«[3]

Warum sagt Jesus das so?

Bestimmt nicht, weil er Kleidung und Essen für unnötig hält, sondern weil er weiter sieht als wir. Sorgen bringen uns keinen Schritt voran. Jesus stellt sogar die Frage:»Können all eure Sorgen euer Leben auch nur um einen einzigen Augenblick verlängern?«[4] Und er antwortet gleich mit Nein.

Es gibt auch keine Studie, die besagt: Wer sich mehr Sorgen macht, hat ein deutlich besseres, längeres, glücklicheres und erfüllteres Leben.

Wir können an unserem Leben vorbeileben, indem wir uns ständig im Morgen aufhalten und dabei den Moment, den heutigen Tag, aus den Augen verlieren. Während wir weiterhin versuchen, Kontrolle über die Zukunft auszuüben, weiß Jesus, was wir versäumen, wenn Sorgen unseren Gedankenraum regieren.

Deshalb sorgt euch nicht um morgen, denn jeder Tag bringt seine eigenen Belastungen. Die Sorgen von heute sind für heute genug.
Matthäus 6,34

Wir können unser Leben um keinen Tag und um keine Sekunde verlängern – aber wir können es verpassen. Also: Sorgen einfach leiser drehen, damit wir das fröhliche Vogelgezwitscher besser hören und die blühende Natur uns daran erinnern kann, dass Gott uns nicht vergessen hat!

DONNERSTAG
Vorschnelle Antworten

Hast du dich schon einmal mit einem Problem vertrauensvoll an jemand anderen gewandt? Und warst du dann auch herzlich wenig begeistert, als dir dann – als wäre es völlig selbstverständlich – prompt die scheinbar perfekte Lösung dafür geliefert wurde? Wenn uns etwas plagt, wenn es uns nicht gut geht, können uns selbst die gut gemeinten Ratschläge verletzen. Statt Nähe und Verständnis bekommen wir schnelle Antworten, die uns das Gefühl geben, uns selbst oder das Problem müsse man gar nicht ernst nehmen.

Natürlich erscheinen manche Probleme von außen betrachtet einfach zu lösen. Und wer liebt es nicht, perfekte Antworten zu haben? (Man denke nur daran, wie bei einem Fußballspiel jeder zum Trainer wird oder wie wir bei Corona plötzlich alle zu Virologen wurden …)

Gerade der christliche Glaube verlockt dazu, eine schnelle Lösung für alles parat zu haben. Wir glauben an einen allwissenden Gott und meinen deshalb absurderweise, es dürfe keine offenen Fragen mehr geben.

Ist es wirklich ein Beweis für Gottes Existenz, dass es auf alles eine Antwort gibt? Oder wäre es nicht ein stärkeres Argument, wenn sich mit dem Glauben auf einmal Fragen auftäten, die wir nicht mehr zu Ende denken könnten? Geheimnisse, die unseren Verstand übersteigen? Und gerade in der Ostergeschichte gibt es einiges, was unseren Verstand übersteigt: Wunder, Totenauferweckung, Auferstehung, ewiges Leben – um nur ein paar zu nennen.

Ist es wirklich ein Beweis für Gottes Existenz, dass es auf alles eine Antwort gibt?

Als Jesus einmal einer trauernden Witwe begegnete, die ihren einzigen Sohn verloren hatte, so beschreibt es die Bibel, ergriff ihn tiefes Mitgefühl.[5] Er tröstete die Frau mit den Worten: »Weine nicht!«, bevor er ihren Sohn wieder zum Leben erweckte.

An einer anderen Stelle wird in der Bibel erzählt, wie Jesus weint, als er vom Tod seines Freundes Lazarus erfährt. Auch ihn erweckt Jesus später wieder zum Leben. Doch der schreckliche Tod und der Schmerz der Angehörigen lassen ihn nicht kalt und er trauert mit ihnen, obwohl er schon längst die Lösung ihres Problems kennt.

Der Mensch, ja, das Leben ist viel zu kostbar und auch viel zu komplex, um ihm einfach nur mit dem Verstand zu begegnen. Wenn wir jemanden wirklich ernst nehmen und verstehen wollen, dürfen wir nicht vergessen, zuzuhören und mitzufühlen.

Ganz ähnlich ist es übrigens auch mit Ostern: Um zu entdecken, worum es an Ostern geht, brauchen wir nicht nur unseren Kopf, sondern auch unser Herz.

FREITAG
Jesus Christ Superstar

Ostern inspirierte Künstlerinnen und Künstler zu allen Zeiten immer wieder zu großartigen Werken. Georg Friedrich Händels *Messias* und Johann Sebastian Bachs *Matthäus-Passion* sind bis heute einmalige Erlebnisse. Gut 200 Jahre danach wagte sich der damals noch recht unbekannte Musical-Komponist Andrew Lloyd Webber (der später Welthits wie *Cats* oder *Das Phantom der Oper* schrieb) an den herausfordernden Stoff rund um den Verrat und die Kreuzigung von Jesus. 1971 wurde seine Rock-Oper *Jesus Christ Superstar* dann in London uraufgeführt. Ein Welterfolg.

Manche Menschen störten sich am Titel. Jesus, ein Superstar? Das ist doch ziemlich unpassend, ungehörig! Oder vielleicht doch nicht? Immerhin berichtet die Bibel Folgendes: »Jesus zog sich mit seinen Jüngern[b] an den See zurück. Eine riesige Menschenmenge ... folgte ihm. Die Nachricht von seinen Wundern hatte sich überall verbreitet, und die Menschen kamen scharenweise zu ihm. Jesus beauftragte seine Jünger, ein Boot bereitzuhalten, falls die Menge der Menschen ihn zu erdrücken drohte.«[6]

Die Faszination, die von Jesus ausging, war riesig. Seine Wunder, seine Reden, seine Art, mit Menschen umzugehen, zogen die Massen an. Mit Sicherheit hätte Jesus in den sozialen Netzwerken heute viele Millionen Follower weltweit. Aber auch 8 Milliarden Fans wären Jesus zu wenig gewesen. Er will etwas anderes.

---

b) Jünger werden im engsten Sinne die 12 Männer genannt, die Jesus persönlich berufen hat, alles, was sie bisher kannten, zurückzulassen und sich ihm anzuschließen. In einem weiteren Sinn meint der Begriff bis heute alle Menschen, die sich entschieden haben, ihr Leben in der Nachfolge von Jesus zu leben.

Wunder faszinieren, Wunder ziehen viele Menschen an. Damals wie heute. Und wer Wunderbares schafft, wird tausendfach verehrt. Die Schöpfer von wunderbaren Songs, wunderbaren Reden oder wunderbaren Filmen werden zu Stars. Stars, deren Leben wir auf Social Media und im Fernsehen verfolgen oder für die wir sogar weite Reisen und überzogene Ticketpreise in Kauf nehmen, um sie live zu erleben.

Die Faszination, die von Jesus ausging, war riesig. Seine Wunder, seine Reden, seine Art, mit Menschen umzugehen, zogen die Massen an.

Nach der berühmten »Speisung der 5000« (nachdem Jesus ein Dankgebet gesprochen hatte, wurden Tausende von Menschen von ursprünglich fünf Broten und zwei Fischen satt) zog Jesus weiter, zur anderen Seite des Sees. Doch seine Fans reisten ihm in Scharen hinterher. Die wundersame Essensvermehrung hatte die Menschen echt begeistert. Nun hofften sie auf mehr davon und wollten auch die nächsten Wunder auf keinen Fall verpassen. Heute würde man sein Handy bereithalten, filmen und Selfies machen, um sich noch lange daran erinnern zu können.

Doch Jesus sagte zu ihnen: »Ihr sucht mich nur, weil ihr von den Broten gegessen habt und satt geworden seid. Aber was Gott euch durch die Wunder sagen will, wollt ihr nicht verstehen. Statt euch nur um die vergängliche Nahrung zu kümmern, bemüht euch um die Nahrung, die Bestand hat und das ewige Leben bringt.«[7]

In anderen Worten: Wunder sind kurzlebig. Schöne Erinnerungen verblassen. Der Hunger kommt zurück. Und es bringt euch nicht weiter, mich nur zu bewundern. Jesus geht es um mehr, um etwas Nachhaltiges – um etwas, das bleibt.

Jesus suchte Menschen, die beginnen wollten, nach seinem Vorbild zu leben und seinen Maßstäben zu vertrauen. Die seine Predigten nicht nur schön fanden, sondern umsetzten. Jesus wollte keine anonymen Follower, sondern echte Nachfolger.

SAMSTAG
Die Suche

Der Osterhase ist anstrengender als der Nikolaus. Während nämlich der Nikolaus auf wundersame Weise den Stiefel vor der Tür mit Leckereien füllt, versteckt der Osterhase die Ostereier – oder je nach Familientradition das Osternest oder den Schokohasen – so gut, dass die Geduld und Ausdauer mancher Kinder bei der Suche ziemlich strapaziert werden. Die einen entdecken ihren Schatz sehr schnell, die anderen suchen eine gefühlte Ewigkeit an der total falschen Stelle, sehr zur Belustigung derjenigen, die das Versteck kennen.

Suchen ist manchmal echt stressig. Nur allzu gut kennen wir die Adrenalinschübe, wenn Schlüssel, Handy, Geldbeutel oder Ehering scheinbar spurlos verschwunden sind und wir absolut keine Ahnung mehr haben, wo das blöde Ding sein könnte. Da kommt diese hektische Panik auf und es fällt uns schwer, klar zu denken. Wir werden nicht eher zur Ruhe kommen, bis wir das wertvolle Stück wiedergefunden haben.

Jesus hat in seinen Reden oft über das Suchen und Finden gesprochen. Zum Beispiel so:

Wer bittet, wird erhalten. Wer sucht, wird finden. Und die Tür wird jedem geöffnet, der anklopft. Ihr Eltern – wenn euch eure Kinder um ein Stück Brot bitten, gebt ihr ihnen dann stattdessen einen Stein? Oder wenn sie euch um einen Fisch bitten, gebt ihr ihnen eine Schlange? Natürlich nicht! Wenn ihr, die ihr Sünder seid, wisst, wie man seinen Kindern Gutes tut, wie viel mehr wird euer Vater im Himmel denen, die ihn darum bitten, Gutes tun.
Matthäus 7,8-11

Gott ist nicht der Osterhase, der das Gute irgendwo versteckt und sich darüber amüsiert, wie wir verzweifelt danach suchen. Er wünscht sich, dass wir Ruhe finden auf unserer Suche des Lebens – die natürlich viel tiefer und komplexer ist als die Suche nach einem bunten Osterei oder dem süßen Schokohasen.

> **Gott ist nicht der Osterhase, der das Gute versteckt und sich dann über unsere verzweifelte Suche amüsiert.**

Aber Ruhe heißt in diesem Fall nicht, dass wir uns resigniert ins Gras setzen und aufgeben. Dann halt kein Osterei. Nein, dafür ist das, was wir suchen, zu kostbar. Die Suche nach Sinn und Glück und irgendeiner höheren Macht scheint irgendwie in uns hineingelegt zu sein. Wir brauchen diesen Lebenssinn, wir sehnen uns nach diesem Ziel, diesem Glück, ja, vielleicht wirklich nach Gott. Wir merken es selbst: Wir suchen mal mehr, mal weniger. Aber immer und immer wieder suchen wir danach. Es scheint uns nicht loszulassen. Deshalb lohnt es sich, diesen Sinn, dieses Glück – diesen Gott – mit derselben Dringlichkeit zu suchen wie den verlorenen Haustürschlüssel.

Und wir dürfen dabei ruhig bleiben. Denn irgendwo ist er. Und wir werden ihn finden.

Wenn ihr mich sucht, werdet ihr mich finden; ja, wenn ihr ernsthaft, mit ganzem Herzen nach mir verlangt, werde ich mich von euch finden lassen, spricht der Herr.
Jeremia 29,13-14a

FRÜHLING

Endlich Frühling! Die Sonne hat es mal wieder geschafft, zwischen achtlos liegen gelassenem Laub und vertrocknetem Gestrüpp zahllose Krokusse, Tulpen, Osterglocken aus der Erde zu locken. Sanft kitzeln mich ihre Strahlen an der Nase und ich spüre, wie sie meiner Seele guttun.

Der dunkle, nasse, kalte Winter steckt mir noch in den Knochen. Die Gedanken kreisen um Alltagssorgen, schweifen ab in die weite Welt und das Blut könnte einem in den Adern gefrieren bei all diesen Bildern, die sich mir jetzt aufdrängen: zerstörte Natur, hungernde Menschen, Krieg. Wie kann man das aushalten? Wieso geschieht das alles? Warum lässt Gott das zu?

Und bei all diesen Fragen drängt sich mir noch eine andere auf: Ist es nicht erstaunlich, dass die Sonne noch scheint? Bei all diesem Leid, der Ungerechtigkeit. Ist es nicht erstaunlich, dass jedes Jahr im Frühling die Blumen und Bäume wieder blühen? Allem Leid, aller Zerstörung zum Trotz. Blumen graben sich durch den Asphalt, recken sich auf Trümmerhaufen der Sonne entgegen. Sogar im Krieg. Sogar wenn Krieg ist, wird es Frühling. Ist das nicht erstaunlich? Und zeigt das nicht, dass es auf dieser Welt immer noch eine Macht gibt, die souveräner ist als jede Kriegsmacht? Die alles im Griff hat, das Leid in der Welt und auch meine Alltagssorgen.

Ich schließe meine Augen, spüre die Sonne auf meiner Haut – und atme auf. Wieder einmal neu wird mir bewusst, wie privilegiert ich bin. Dieses Leben, das ich leben darf: es ist ein Geschenk. Gott, der Erschaffer dieser Welt, diese souveräne Macht, er hat es mir geschenkt. Es bedeutet ihm etwas, dass ich lebe. Und er hat es sich etwas kosten lassen. Das ist Ostern.

An Ostern wird die Auferstehung gefeiert. Aber vorher kommt der Tod. Der Tod von Jesus am Kreuz war der leidvollste, der grausamste, der ungerechteste Tod aller Zeiten. Und Gott hat ihn zugelassen. Er hat zugelassen, dass sein eigener Sohn gottverlassen stirbt. Warum? Warum hat er dieses Leid, diese Ungerechtigkeit, diesen dunkelsten und kältesten aller Winter ertragen? Weil er souverän ist. Weil er drüberstehen kann. Er ist stärker als der Tod. Und er hat es für mich getan. Weil er mich liebt. Er möchte, dass ich lebe und dass ich mich an Krokussen und Sonnenstrahlen freuen kann.

Trotz allem.

3

WOCHEN
VOR OSTERN

SONNTAG
Jesus im Fernsehen

In den Wochen vor Ostern werden im Fernsehen immer mal wieder Verfilmungen von Jesus gezeigt. Hast du den Jesus, wie er in manchen dieser Filme zu sehen ist, vor Augen? Bilder des göttlichen Wanderpredigers, mit heilig verklärt lächelndem Blick, der, gefolgt von rauen Bewunderern, beinahe schwebend durch die staubigen Straßen und Landschaften Israels zieht, das saubere weiße Gewand stets gut gebügelt, Haare und Bart frisch gewaschen und frisiert. Diese Beschreibung ist sicherlich leicht übertrieben. Und doch sind die bildlichen Darstellungen von Jesus oft davon geprägt, den vollkommenen Gott auf Erden zu zeigen; eine Figur, die heraussticht und alles überstrahlt. Und es scheint vergessen zu gehen, dass Jesus eben als Mensch zur Welt gekommen ist:»Maria gebar ihr erstes Kind, einen Sohn. Sie wickelte ihn in Windeln und legte ihn in eine Futterkrippe.«[8]

Jesus erlebte den Stress einer Geburt, diesen ersten Moment des Lebens, den Verlust von Sicherheit, Wärme und Versorgung im Bauch seiner Mutter. Genau wie wir.

Jesus brauchte Windeln. Genau wie wir.

Später lebte Jesus umgeben von Menschen, die Stress hatten, und Menschen, die Stress machten. Umgeben von Menschen, die sich über ihn ärgerten, und von anderen, die ihn mochten. Genau wie wir.

Kannst du dir Jesus vorstellen, wie er nach einem anstrengenden Tag völlig erschöpft ins Bett fällt? Oder Jesus, der heißhungrig über einen Teller Spaghetti herfällt? Oder gar Jesus mit Kopfschmerzen?

Begleitet von Fernsehkameras besuchen Präsidenten oder Präsidentinnen manchmal ihre Soldatinnen und Soldaten, die irgendwo im

Krisengebiet unter großen Entbehrungen ihren gefährlichen Auftrag ausführen. Der Regierungshubschrauber landet, die wichtigen Personen steigen aus und richten dann, unter wachsamen Blicken ihrer Bodyguards, einige ermutigende Worte des Dankes an ihre Leute. Vielleicht nehmen sie sich auch Zeit für ein kurzes *Meet and Greet*. Aber spätestens nach wenigen Stunden heben sie wieder ab, zurück in ihr Leben in Sicherheit in einer anderen Welt.

Ist es nicht manchmal auch dieses Bild, das wir von Jesus haben? Doch Jesus machte nicht nur eine kurze Stippvisite auf Erden. Er kam nicht, um Mut machende Reden über die Herausforderungen des Lebens zu halten. Er begab sich mittenrein. Er arbeitete, schlief, aß, weinte, feierte, lachte, half, liebte. Und er erlitt größere Schmerzen, als die meisten Menschen ertragen können. Kurz: »Er wurde Mensch und lebte unter uns.«[9]

Jesus machte nicht nur eine kurze Stippvisite auf Erden. Er kam mittenrein.

Wenn es jemanden gibt, der dich und alle Herausforderungen, die der heutige Tag mit sich bringt, verstehen kann, dann ist es Jesus!

Er, der Gott in allem gleich war und auf einer Stufe mit ihm stand, nutzte seine Macht nicht zu seinem eigenen Vorteil aus. Im Gegenteil: Er verzichtete auf alle seine Vorrechte und stellte sich auf dieselbe Stufe wie ein Diener. Er wurde einer von uns – ein Mensch wie andere Menschen.
Philipper 2,6-7; NGÜ

MONTAG
Wunder

Das hätte nun wirklich niemand erwartet. Der Simon, den sie in all den Jahren kennengelernt hatten, war so ganz anders: ein Draufgänger, ein Anpacker, von Wind und Wetter gestählt. Und nun steht ihm die Furcht ins Gesicht geschrieben, er fällt auf die Knie und sagt zu dem Wanderprediger aus Nazareth: »Herr, kümmere dich nicht weiter um mich – ich bin ein zu großer Sünder, um bei dir zu sein.«[10]

Was war passiert?

Simon – besser bekannt unter dem Namen Petrus und eine wichtige Person in der Ostergeschichte – lebte ursprünglich von der Fischerei. Doch in der Nacht vor dieser Begegnung hatte er nichts gefangen, keinen einzigen Fisch, *niente, nada*. Als er am nächsten Tag am Ufer seine Netze reinigte, kam Jesus vorbei; schon zu diesem Zeitpunkt folgten ihm viele Menschen, die seine Predigten hören wollten. Er sprach Petrus an: »Fahr weiter hinaus und wirf dort deine Netze aus, dann wirst du viele Fische fangen.«[11]

Obwohl Petrus berechtigte Zweifel an den Erfolgschancen dieses Unterfangens hatte, entschloss er sich, diesem Nicht-Fachmann Glauben zu schenken. Vielleicht war es die Verzweiflung, vielleicht der Respekt vor dem Rabbi, vielleicht eine leise Hoffnung, der

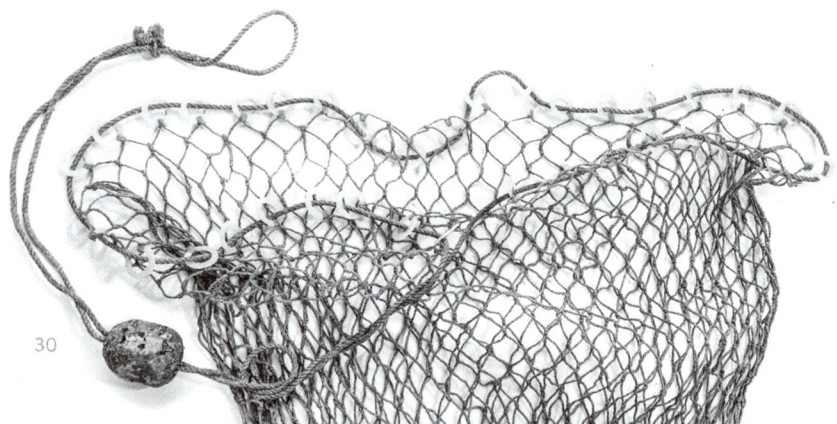

Wunsch, es könnte wahr sein. Und tatsächlich: »Diesmal waren ihre Netze so voll, dass sie zu reißen begannen! Sie riefen nach ihren Gefährten in dem anderen Boot, und bald darauf waren beide Boote so voller Fische, dass sie unterzugehen drohten.«[12] Das war nicht normal. Völlig unerklärbar. Ein Wunder. Auf seinem Boot. Das passte nicht in sein Denkschema. Petrus wurde von Ehrfurcht gepackt vor dem Mann, der so ganz anders war. Vollmächtig. Geheimnisvoll. Göttlich.

Wie geht es dir, wenn du diese Geschichte liest? Und die Geschichten der anderen Kapitel in diesem Buch: Geschichten, in denen Jesus Sturm und Wellen zum Schweigen gebracht oder Tote wieder zum Leben erweckt haben soll?

Zweifel wären durchaus angebracht. Und solltest du zu denjenigen gehören, die diese Geschichten schon so oft gehört haben, dass sie normal scheinen: Nein, sie sind es nicht!

Doch wünschen wir uns nicht alle, an jemanden glauben zu können, der das Unmögliche möglich machen kann, dessen göttliche Autorität Naturgesetze überwindet und der unsere tote Hoffnung wieder zum Leben erweckt?

Jesus kann man schwer erklären, er ist nicht einzuordnen. Wir sehen auf der einen Seite den Menschen, der viel Gutes tut und viel Gutes sagt. Der ganz und gar *für* uns ist. Aber ein guter Mensch wäre zu wenig, um Jesus zu beschreiben. Zu wenig, um von einem tiefen Staunen gepackt zu werden. Zu wenig, um dann sogar vor ihm niederzuknien, seine göttliche Autorität anzuerkennen.

»Hab keine Angst!« und »Folge mir nach!«, sagt Jesus zum knienden Petrus.[13] Und Petrus? Der ist so fasziniert, dass er alles stehen und liegen lässt und sich Jesus anschließt.

DIENSTAG
Der größte Wunsch

Im Gegensatz zu Weihnachten fällt an Ostern das Thema Geschenke leider etwas magerer aus. Nur Kindern versteckt man kleine Überraschungen im Garten. Schade eigentlich, denn wenn man mal von dem Einkaufsstress absieht, ist es doch immer wieder schön, sich gegenseitig Wünsche zu erfüllen.

Wünsche zu erfüllen war wahrscheinlich auch eine der Lieblingsbeschäftigungen von Jesus. Immer und immer wieder kümmerte er sich um die unterschiedlichsten Anliegen, Probleme und Krankheiten der Menschen. Aber nicht immer erfüllte Jesus die Wünsche der Menschen genau so, wie sie es erwarteten. Als ihm einmal ein gelähmter Mann gebracht wurde, sagte Jesus:»Nur Mut, mein Sohn! Deine Sünden sind dir vergeben.«[14]

Wie bitte? Ist es nicht offensichtlich, was dieser Mann möchte? Es ist doch der größte Wunsch eines Gelähmten, endlich gehen zu können. Dann wäre alles gut. Sieht Jesus das denn nicht?

Doch, Jesus hatte das schon verstanden. Aber er weiß, wenn wirklich alles gut sein soll, reicht es nicht, einen gesunden Körper zu haben. Jesus packt das Übel an der Wurzel.

Manchmal glauben wir tatsächlich, es wäre endlich alles gut, wenn unser größter Wunsch in Erfüllung gehen würde. Doch wenn wir bekommen, was wir wollten, merken wir schnell, dass dieses Glück nur von kurzer Dauer ist. Weil wir selbst immer noch die Gleichen sind.

Manchmal glauben wir, es wäre endlich alles gut, wenn unser größter Wunsch in Erfüllung gehen würde.

Im Gegensatz zum Menschen, dem es nur möglich ist, das Äußere seines Gegenübers zu sehen und zu interpretieren, heißt es über

Gott, dass er das Innere, das Herz, anschaut. Und weil Jesus erkennt, welche Verletzungen und Schmerzen, Bedürfnisse und Sehnsüchte das Herz eines Menschen beschäftigen, liegt ihm besonders viel am Herzen des Menschen.

Die heutige Medizin hat psychosomatische Symptome ausführlich erforscht. Wir wissen, dass der Körper auf seelischen Schmerz reagiert. Das Wort Psyche kommt aus dem Altgriechischen und steht für den Atem oder die Seele. Und *soma* bedeutet Körper. Weil der Zusammenhang zwischen Seele und Körper mittlerweile so gut erforscht ist, braucht es uns nicht zu wundern, dass Jesus erst im zweiten Satz zu dem Mann, der nicht laufen konnte, sagt: »Steh auf und nimm deine Trage und geh nach Hause, denn du bist geheilt!«[15]

Nachhaltige Heilung beginnt im Herzen. Dann erst im Körper. Ein krankes, zerbrochenes, verletztes Herz wird früher oder später auch am Körper sichtbar. Diesen Zusammenhang beschrieb König Salomo in seinem Buch der Sprichwörter:

Mehr als alles, was man sonst bewahrt, behüte dein Herz! Denn in ihm entspringt die Quelle des Lebens.
Sprüche 4,23

MITTWOCH
Es gibt immer was zu tun

Wenn es ein größeres Problem in unserer Wohnung oder an unserem Haus gibt, brauchen wir die Hilfe eines Handwerkers. Vielleicht nicht bei jeder Kleinigkeit, und je nachdem, wie begabt man ist, kann man auch größere Herausforderungen allein angehen. Irgendwann ist jedoch der Punkt erreicht, an dem auch der begabteste Heimwerker mit den eigenen Fähigkeiten und Werkzeugen an seine Grenzen kommt. Dann muss man sich eingestehen, dass jetzt ein Profi gebraucht wird.

Über die Familie, in die Jesus hineingeboren wurde, erfährt man in der Bibel nicht sehr viel. Man weiß aber, dass sein Vater Josef genau solch ein Profi war: ein Bauhandwerker, ein Zimmermann. Wir können deshalb mit großer Sicherheit davon ausgehen, dass auch Jesus als Handwerker gearbeitet hat.

Ein durchaus interessanter Gedanke, denn unser Bild von Jesus ist eher geprägt von Begriffen wie Predigen, Lehren oder Beten. Das sind nicht gerade Tätigkeiten, bei denen man sich die Hände schmutzig macht und die für besonderes handwerkliches Geschick stehen. Aber sein kurzes dreijähriges öffentliches Wirken als Wanderprediger begann er erst mit 30. Er hat also die weitaus meiste Zeit seines Lebens praktisch gearbeitet.[c]

Auch vor 2000 Jahren stand die Arbeit auf dem Bau nicht für zarte Finger und gefühlvolle Worte, sondern eher für starke Oberarme und Schwielen an den Händen. Da flogen die Späne und der Schweiß floss.

---

c) Mehr über das Leben von Jesus und eine Übersicht seiner wichtigsten Stationen findest du im Kapitel *Der historische Jesus*.

Vielleicht war Jesus auch deshalb später nicht nur ein Mann großer Worte, sondern hat immer wieder auf ganz praktische Weise geholfen. So wird beispielsweise von einer Begebenheit berichtet, bei der viele Menschen einen ganzen Tag mit Jesus zusammen waren, ihm Fragen gestellt und seinen Reden zugehört haben. Das klingt durchaus nach dem Sonntags-Jesus, wie manche ihn beschreiben würden. Als der Tag dem Ende zuging, wollte Jesus die Menschenmenge aber nicht einfach so nach Hause schicken. Ihm war bewusst, dass sie hungrig sein mussten und noch einen anstrengenden Heimweg vor sich hatten. Anstelle eines salbungsvollen Reisesegens organisierte Jesus deshalb schneller als Lieferando eine ordentliche Brotzeit für alle.

Auch vor 2000 Jahren stand die Arbeit auf dem Bau nicht für zarte Finger und gefühlvolle Worte, sondern für starke Oberarme und raue Hände.

Er hat ihnen nicht nur Dinge für den Kopf und das Herz mitgegeben, sondern hatte auch ihre ganz praktischen Bedürfnisse im Blick.

Einerseits betont Jesus immer wieder, dass es ihm um mehr geht als um Essen, Trinken und Gesundheit, ja, um weit mehr als die sichtbare Welt. Aber unser Alltag lässt ihn nicht kalt. Jesus kennt die Probleme des kleinen Mannes, denn er hat sie selbst erlebt. Er ist kein Theoretiker. Deshalb ist Glaube auch nicht nur Theorie und Kopfsache, nicht nur etwas für den Sonntag. Glaube gehört in den Alltag. Und so dürfen wir Jesus auch ganz praktisch um Hilfe bitten.

Also, was steht heute an?

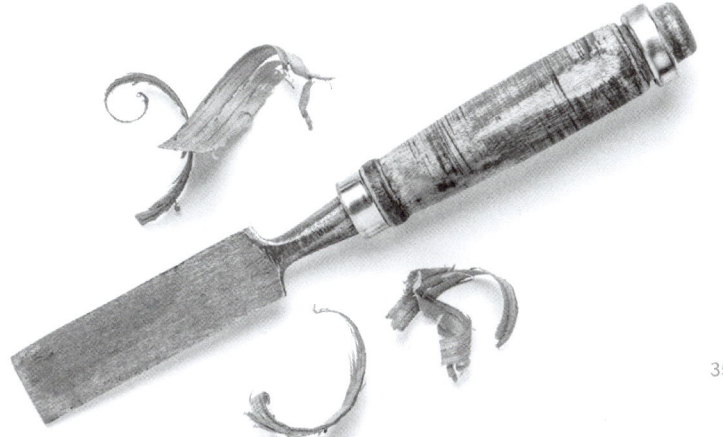

DONNERSTAG
Ich glaub an dich!

Vielleicht hilft es, wenn du weißt, ich glaub an dich.

Denn es hilft nicht, wenn du denkst, du schaffst es nicht.

Ich glaub an dich!

Gregor Meyle

Es fällt uns Menschen manchmal schwer, an unser eigenes Potenzial zu glauben. Doch wenn uns jemand viel zutraut – noch bevor wir unser Können unter Beweis gestellt haben –, schaffen wir es, eigene Grenzen zu überwinden. Vertrauensvorschuss beflügelt! Es kann spielentscheidend sein, wenn wir im richtigen Augenblick hören: »Hey, ich glaub an dich. Ich glaube, du kannst das schaffen.«

Behalte das im Hinterkopf, wenn wir uns kurz gedanklich der Reisegruppe von Jesus anschließen.

Die Zeit und Region, in der Jesus lebte, war geprägt von den heiligen jüdischen Schriften, der Thora. Die Rabbis studierten diese Texte akribisch und wählten besonders begabte junge Männer der oberen Schicht aus, um sie im Auslegen und Einhalten dieser Gesetze zu unterrichten.

Auch Jesus von Nazareth zog als Rabbi umher. Doch seine Lehre und Botschaft sprengte den Rahmen dessen, was die Menschen in der damaligen Zeit über Gott dachten. Sein Ziel war es, die Welt im positiven Sinne auf den Kopf zu stellen.

Allerdings überrascht es, dass die Männer und Frauen, die er für diese Mission auswählte, nicht gerade als die Besten der Besten galten. Fischer und Netzmacher, Frauen mit zwielichtiger Vergangenheit, Steuereintreiber. Da waren die ganz normalen Arbeiter zusammen mit stadtbekannten Abzockern, Kampferprobte trafen auf Muttersöhnchen und Schwätzer standen Schulter an Schulter mit Zweiflern.

Doch in jedem seiner Jünger sah Jesus etwas Besonderes. Er suchte nicht nach Titeln oder Errungenschaften. Er sah ihr Potenzial, noch bevor es von außen sichtbar war. Noch bevor sie an sich selbst glauben konnten, glaubte er an sie.

Noch bevor die Jünger an sich selbst glauben konnten, glaubte Jesus an sie.

Vielleicht irritiert dich dieser Gedanke. Ist es nicht andersherum? Ist es nicht so, dass wir Menschen an Gott glauben?

Nicht ihr habt mich erwählt, ich habe euch erwählt.
– Jesus

Er glaubt an uns. Er traut uns Großes zu und so können wir über uns hinauswachsen.

Tatsächlich hat die bunte Reisegruppe die Mission von Jesus weitergeführt und aus dem kleinen »chaotischen Haufen« wurde eine weltweite Bewegung, die trotz aller persönlichen Unzulänglichkeiten bis heute Geschichte schreibt.

Jesus möchte nichts weniger, als dass das Gute über Unterdrückung, Ungerechtigkeit und Hoffnungslosigkeit siegt. Diesen Traum will er mit den Menschen – mit uns – gemeinsam wahr werden lassen.

Deshalb könnte dieses Lied von Gregor Meyle auch von Jesus sein: »Ich glaub an dich!«

FREITAG
Anders als der Schwimmlehrer

Wenn wir eines nicht mögen, dann sind es Menschen, die »Wasser predigen und Wein trinken«; Leute, die etwas von anderen verlangen, was sie selbst nicht tun.

Vielleicht hattest du auch so einen typischen Schwimmlehrer in der Grundschule. Er stand die ganze Unterrichtsstunde in seinem etwas altmodischen Trainingsanzug am Beckenrand und gab Anweisungen. Das Wasser schien auf keinen Fall die angegebenen 28 Grad zu haben und die langwierigen Übungen zum Rückenschwimmen waren eine Zumutung für Kinder, die doch viel lieber im Spaßbad herumgetollt wären. Aber vor allem fragten wir uns: »Warum geht unser Lehrer eigentlich nie selbst ins Wasser? Warum zeigt er uns nicht, was er von uns verlangt? Kann er überhaupt schwimmen?«

Jesus hat in den drei Jahren seines öffentlichen Wirkens viele berühmte Reden gehalten, die die meisten seiner Zuhörer begeisterten. Sie enthalten aber manche Anweisungen, die uns den Atem stocken lassen, weil sie damals wie heute eine Zumutung sind. Zum Beispiel diese:

Wenn ihr bereit seid, wirklich zu hören, dann sage ich euch: Liebt eure Feinde. Tut denen Gutes, die euch hassen. Betet für das Glück derer, die euch verfluchen. Betet für die, die euch verletzen.
Lukas 6,27-28

»Echt jetzt, Jesus?«, fragen wir uns. »Ja, im Ernst«, sagt er und wiederholt dieselbe Aussage gleich noch mal.

An Ostern macht er gleich selbst vor, wie das geht: In der Nacht von Gründonnerstag auf Karfreitag wird Jesus von einem seiner engsten Freunde auf feige Art und Weise an seine Feinde verraten, mit dem berühmt-berüchtigten Judaskuss. Wie ein Verbrecher wird er danach von Soldaten der Tempelwache verhaftet und abgeführt.

Als Petrus das Schwert zückt und einem der Gegner ein Ohr abschlägt, freut sich Jesus nicht über seinen Verteidiger, sondern er kümmert sich um die Verletzung seines Feindes, berührt sein Ohr und heilt ihn noch an Ort und Stelle.

Wir wissen nicht, wie der Soldat auf die spontane Heilung reagiert hat. Aber eines ist ziemlich sicher: Diesen Moment und diesen Jesus wird er sein Leben lang nicht vergessen haben!

Jesus gibt nicht nur Anweisungen vom Spielfeldrand aus. Er lebt uns in seinen schwersten Stunden vor, wie das Undenkbare Realität wird: die Liebe, die die Feindschaft besiegt. Unglaublich berührend. Und noch mehr als das: Sein Vorbild fordert uns heraus und spornt uns an für unser eigenes Leben.

SAMSTAG
Grillen mit Jesus

Hast du dieses Jahr schon angegrillt? Kaum ist das Thermometer zum ersten Mal über die 10-Grad-Marke geklettert, wehen die ersten Röstaromen und Rauchschwaden über so manche Gartenzäune. Gemeinsam zu grillen – das duftet nach Freundschaft! Ausgelassen Zeit miteinander verbringen, das Leben genießen, sich unterhalten, gerne auch etwas tiefer schürfen nach ein oder zwei Bierchen und natürlich zusammen lecker essen. Ob vegetarisch oder mit Kobe-Filet – die Lust aufs Grillen verbindet. Irgendwie nehmen wir uns dafür so gerne Zeit, auch wenn wir unseren Alltag sonst immer effizienter gestalten, oft auch die Ernährung. Wie gut, dass wir beim Grillen einfach mal gezwungen werden, geduldig zu warten, bis unsere Delikatessen die gewünschte Temperatur und Farbe angenommen haben.

Manches braucht einfach Zeit: ein gutes Steak zum Beispiel, oder auch eine gute Freundschaft.

Wenn man bedenkt, dass Jesus in nur drei Jahren einen Großteil seines Lebenswerks auf der Erde ausgeführt hat, würde man wahrscheinlich zunächst davon ausgehen, dass er ziemlich busy unterwegs war. Jünger auswählen, Menschen heilen, Massen speisen, predigen, wandern, auf dem Wasser gehen, sich mit den religiösen Eliten anlegen und so weiter. Genügend Stoff für einige Filme und Serien.[d] Und trotzdem wird an mehreren Stellen in der Bibel beschrieben, wie Jesus sich einfach Zeit genommen hat. Zeit, um gemeinsam zu essen, Zeit für tiefe Gespräche, Zeit für Freundschaft.

»Ihr seid jetzt meine Freunde«, sagte Jesus einmal seinen Nachfolgern.[16] Und das meinte er tatsächlich ernst.

---

d) Kleiner Serientipp an dieser Stelle: *The Chosen, www.the-chosen.net.*

Kurz nach den Ereignissen, die wir heute noch an Ostern feiern, begegnete Jesus seinen Freunden noch ein paar Mal. Eigentlich hatte er alle Hände voll damit zu tun, seinen Auftrag auf der Erde abzuschließen. Er musste seinen Jüngern noch so vieles erklären und sie vorbereiten. Sie sollten immerhin seinen Job übernehmen! Doch statt Workshops, Handouts und Briefings lud Jesus sie lieber zum Grillen ein.

Die Jünger kamen gerade zurück vom Fischen. Als sie an Land gingen, sahen sie am Boden ein Kohlenfeuer und darauf Fisch und Brot liegen. Und Jesus war dabei, ihnen ein Frühstück vorzubereiten. Er sagte zu ihnen: »Kommt her und esst!«[17]

Anstatt Workshops, Handouts und Briefings lud Jesus seine Jünger lieber zum Grillen ein.

In dieser Situation ist eines der tiefsten Gespräche zwischen Jesus und seinem Freund Petrus entstanden. Ein Gespräch, das ihre Freundschaft auf ein neues Level gebracht hat.[e]

Für Jesus war die Freundschaft mit den Jüngern wichtiger als jede noch so große und heilige Agenda, deshalb investierte er gerne seine Zeit dafür. Dieses biblische Grillfest erinnert uns daran: Freundschaft zwischen Gott und den Menschen ist nicht nur eine romantische Vorstellung für Kinder im Religionsunterricht. Es ist das Herzensanliegen von Jesus.

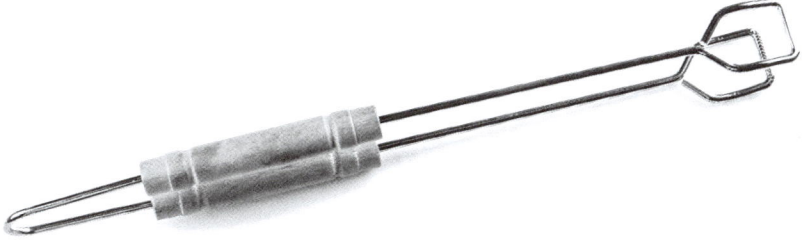

e) Nachzulesen in Johannes 21,15-22 und mehr dazu im Kapitel *Ostermontag*.

AMEISENHAUFEN
UND AUFERSTEHUNG

Großstadtgewusel. Die Zeit drängt. Außer Atem sehe ich die Rücklichter der Straßenbahn, die sich um die Kurve schlängelt. Warum konnte sie nicht heute auch einmal Verspätung haben wie sonst immer? Schaffe ich es noch? Gibt es eine andere, die mich ans Ziel bringt?

Wandtafeln mit Plänen. Zahllose Buchstaben, Zahlen, Farben, Linien schwirren vor meinen Augen. Atemlose Sekunden später die Klarheit: Keine Chance, gezwungen zu warten.

Ich erblicke einen Grünstreifen in der Nähe, schlendere langsam darauf zu, setze mich. Der Verkehr, die Menschen eilen weiter. Erzwungenes Innehalten. Verlorene Minuten – oder geschenkte?

Ein Ameisengewusel auf dem Boden. Noch eiliger, noch wuseliger als die Menschen, die vorbeigehen, -fahren, -skaten, -radeln. Scheinbar völlig orientierungslos und ziellos. Auch wenn es nicht so aussieht: Wie die wuseligen Ameisen haben auch die eilenden Menschen Pläne und Ziele. Natürlich. Und natürlich sind unsere Pläne und Ziele auch viel elaborierter, viel sinnvoller als die der Ameisen. Oder vielleicht doch nicht? Futtersuche, Nestbau, Fortpflanzung, Nestverteidigung.

Was ist es, das aus unserem Leben mehr macht? Sind es die ausgefeilten Niedrigenergiehäuser, in denen wir leben? Oder jedenfalls hoffentlich in Zukunft leben werden? Wesentlich robuster als ein Ameisenhaufen. Allerdings nach einer Zerstörung auch lange nicht so schnell wieder aufgebaut. Die Frage drängt sich hämmernd in meinen Kopf, in dieses Warten im tosenden Zentrum der Eile: Was unterscheidet uns Menschen wirklich von diesen mickrigen Ameisen? Diese wuselige Welt, die wir vor Augen haben – ist das alles? Und der Tod einfach das Ende?

Ist vielleicht das der entscheidende Unterschied, dass wir Menschen hin und wieder aus unserem Gewusel den Blick heben und nach dem »Mehr« suchen und fragen? Gibt es womöglich doch etwas Größeres, das für unsere Augen nicht sichtbar ist? Gibt es diese Auferstehung und das Leben nach dem Tod? Diesen Ort, die Ewigkeit, von der aus wir irgendwann einmal auf unsere Ameisenhaufen blicken und sagen: »Ach so«?

2

WOCHEN
VOR OSTERN

SONNTAG
Der Experte

Nicht nur im Amazonasdschungel ist es ratsam, jemanden dabei- zu-haben, der sich richtig gut auskennt, der uns sagt: »Diesen kleinen bunten Frosch fass besser nicht an, wenn du heute noch den Son-nenuntergang sehen willst.« Man muss gar nicht um die halbe Welt reisen, um Dschungel-Erfahrungen zu sammeln. Anlage-Dschungel, IT-Dschungel, Steuer-Dschungel, Gesetzes-Dschungel, Versiche-rungs-Dschungel. Massenhaft Dschungel direkt vor unserer Haus-tür. Und auch hier ist es ratsam, auf die Expertinnen und Experten zu hören, die sich auf ihrem Fachgebiet auskennen.

Gleichzeitig kennt irgendwie jeder dieses Unbehagen, wenn man sich quasi blind auf die Expertenmeinung verlassen muss. Und das ohne Erfolgsgarantie. Wir sind angewiesen auf diese Spezialisten, müssen vertrauen, dass sie wirklich wissen, wovon sie sprechen. Und müssen hoffen, dass sie uns nicht doch am Ende im Dschungel ste-hen lassen, wenn Puma oder Krokodil angreifen. Denn dann war guter Rat nicht nur teuer, sondern auch ziemlich nutzlos.

Leider zeigt die Erfahrung: Wo wir uns auf Menschen – selbst die besten ihrer Art – verlas-sen müssen, werden wir viel zu oft enttäuscht. Weil der Expertenrat zwar gut gemeint, aber am Ende doch nicht so gut war. Oder weil Ex-perten lieber sich selbst als uns Vorteile ver-schafft haben. Umso verständlicher ist die Zu-rückhaltung, wenn der nächste Experte um die Ecke kommt und uns erklären will, wie das Leben funktioniert.

> Jeder kennt dieses Unbehagen, wenn man sich blind auf eine Expertenmeinung verlassen muss.

Ich bin das Licht der Welt. Ich bin die Auferstehung und das Leben. Ich bin der Weg und die Wahrheit. Ich bin der gute Hirte. Kurz: Ich bin der beste Experte in allen Fragen des Lebens und darüber hinaus.

– Jesus

Kein Wunder, dass wir bei dieser steilen Selbstoffenbarung skeptisch reagieren und bei uns alle Alarmglocken läuten. Und doch gibt es mindestens einen entscheidenden Unterschied zwischen guten Ratschlägen allgemein und dem Versprechen, das Jesus gibt: »Ich bin der gute Hirte. Der gute Hirte opfert sein Leben für die Schafe.«[18] Jesus ist nicht nur bereit, Ratschläge zu geben, sondern sein Leben. Welcher Experte macht freiwillig ein solches Angebot (wohl wissend, dass er es am Ende einlösen wird)? Nur einer, für den der Ratsuchende selbst alles bedeutet.

Der Herr ist mein Hirte, mir wird nichts mangeln.
Er weidet mich auf einer grünen Aue
und führet mich zum frischen Wasser.
Er erquicket meine Seele.
Er führet mich auf rechter Straße um seines Namens willen.
Und ob ich schon wanderte im finstern Tal,
fürchte ich kein Unglück; denn du bist bei mir,
dein Stecken und Stab trösten mich.
Du bereitest vor mir einen Tisch im Angesicht meiner Feinde.
Du salbest mein Haupt mit Öl und schenkest mir voll ein.
Gutes und Barmherzigkeit werden mir folgen mein Leben lang,
und ich werde bleiben im Hause des Herrn immerdar.

Psalm 23,1-6; LUT

MONTAG
Der Osterhase

Wer Schokolade mag, für den ist Ostern ein Traum!

An diesem einen Sonntag im Jahr wird das süße Gold nicht in kleinen Täfelchen verzehrt, sondern man kann so richtig reinbeißen. Allein die Ohren eines Schokohasen wiegen oft schon 100 Gramm – und sind trotzdem im Nu verspeist. Übrigens: Gehörst du auch zu den Schokohasenohren-Liebhabern?

Vielleicht hast du dich schon gefragt, wann denn in diesem Buch endlich das Geheimnis vom Osterhasen gelüftet wird. Der Osterhase ist wohl das populärste Symbol für das Fest des Lebens. Hasen grasen nicht wie Kühe träge vor sich hin. Sie sind permanent auf der Hut und aktiv. Und wenn sie plötzlich übers Feld spurten, hüpfen, fliegen – dann sprühen sie geradezu vor Lebendigkeit! Außerdem sind sie Meister der Fruchtbarkeit. Wusstest du, dass Hasen sechsmal im Jahr Junge bekommen können? Und dann nicht nur eines, sondern bis zu fünfzehn!

Jetzt ist es aber so: Eine sehr alte Tradition sind Osterhasen nicht. Und mit ihrer Fruchtbarkeit hat das auch nichts zu tun. Sie können weder auf das christliche Fest noch auf alte heidnische Bräuche zurückgeführt werden. In etlichen Regionen waren Osterhasen noch bis zu Beginn des 20. Jahrhunderts praktisch unbekannt.

Der Osterhase wird – soweit bekannt – zum ersten Mal 1862 in der Dissertation des Frankfurter Arztes Johannes Richier erwähnt. Er schildert einen Brauch, bei dem ein Osterhase Eier legt, sie dann in Gärten versteckt, um Kindern eine Freude zu machen, die die Eier begeistert suchen. Dass der Osterhase die Eier versteckt, nennt er »eine Fabel, die man Einfältigen und Kindern aufbindet«[19]. Aha.

Der Osterhase ist also eine bürgerliche Erfindung. Und dass er so massenhaft Verbreitung findet, liegt vor allem an der Schokoladenindustrie, die im 20. Jahrhundert den Markt erobert.

Aber ist es nicht okay, dass etwas einfach Freude macht? Ohne tieferen Sinn?

Schade eigentlich. Ehrlich gesagt waren wir fast ein wenig enttäuscht, als bei den Recherchen herauskam, dass die Tradition des Osterhasen keinen tieferen Sinn hat. Aber ist es nicht okay, dass etwas einfach Freude macht? Ohne tieferen Sinn? Unbedingt! Außerdem ist für diejenigen von uns, die in der Fastenzeit auf Schokolade verzichten, ein 400-Gramm-Hase am Ostersonntag ein absolut erstrebenswertes Ziel …

Und trotzdem ist es ebenfalls okay, dass wir uns auch wünschen, dass das Leben einen tieferen Sinn hat und manches eben nicht nur zum Spaß da ist.

Umso schöner und wichtiger, dass wir gemeinsam auf dem Weg sind, uns damit zu befassen, was es wirklich mit dem Fest des Lebens auf sich hat. Und was Jesus meint, wenn er sagt:

Ich aber bin gekommen,
um ihnen das Leben zu geben,
Leben im Überfluss.
Johannes 10,10b; GNB

DIENSTAG
Die Checkliste

»Was muss ich tun, um in den Himmel zu kommen?«

Das wollte ein junger Mann einmal von Jesus wissen. Jesus geht daraufhin mit ihm wie bei einer Checkliste die 10 Gebote durch, die für den jungen Mann, einen Juden aus dem Volk Israel, gelten. Nicht die Ehe brechen. Check. Nicht lügen. Check. Nicht stehlen. Check.

Als der Mann am Ende der Liste relativ stolz feststellt, dass er scheinbar alles richtig macht, sagt Jesus: »Es gibt noch eines, das dir fehlt: … Verkaufe alles, was du hast, und gib das Geld den Armen, und du wirst einen Schatz im Himmel haben. Dann komm und folge mir nach.«[20]

Damit hat der junge, zielstrebige Mann nicht gerechnet. Weil er sehr wohlhabend ist, überfordert ihn diese letzte Aufforderung völlig. Er geht traurig davon.

Selbst die Nachfolger von Jesus reagieren erschrocken. Kann es wirklich so schwer sein, in den Himmel zu kommen? Sind Gottes Anforderungen tatsächlich so hoch?

Und mal ganz ehrlich: Wer von uns kann das schaffen? Die 10 Gebote stellen uns manchmal vor eine Herausforderung. Aber dann auch noch alles, was wir besitzen, verkaufen?

Bevor du jetzt wie der junge Mann resignierst und traurig das Buch zur Seite legst: Jesus war mit seiner Antwort eigentlich noch nicht fertig.

Eines macht er nämlich sehr deutlich: Der Glaube funktioniert nicht wie eine Anleitung. Jesus ist nicht auf die Erde gekommen, um den Menschen zu zeigen, wie sie sich Punkt für Punkt den Himmel erarbeiten können. In dieser Begegnung gibt er zu verstehen: Wir können es gar nicht aus eigener Kraft schaffen! Auch wenn wir uns

**Der Glaube
ist keine Anleitung,
wie man in den
Himmel kommt.**

noch so sehr bemühen, aus uns selbst heraus werden wir die Maßstäbe, die Gott ansetzt, nie erfüllen können. Und das wäre schließlich der einzige Grund, warum wir einen Platz in seinem Himmel verdient hätten.

Auf die erschrockene Frage der Begleiter, wer es überhaupt in den Himmel schaffen kann, wenn die Hürde so groß ist, antwortet Jesus: »Was menschlich gesehen unmöglich ist, ist bei Gott möglich.«[21]

Jesus ist aus einem anderen Grund auf die Erde gekommen. Nicht, um uns eine Anleitung zu liefern, nicht, um uns zu demütigen. Und auch nicht, um uns noch einmal schön unter die Nase zu reiben, dass wir Menschen ziemlich wenig draufhaben. Er ist gekommen, um uns ein Angebot zu machen: Er selbst möchte für uns dieser Weg in den Himmel sein, den wir uns nicht selbst erarbeiten können.[22]

Der Glaube ist keine Anleitung, wie man in den Himmel kommt, keine Checkliste mit Bedingungen. Er ist Gottes Angebot an uns: »Lerne mich kennen, fang an, mir zu vertrauen. Lass uns den Weg zusammen gehen.«

MITTWOCH
Nichts zu beweisen

»Sie dürfen jetzt beginnen. Sie haben zwei Stunden Zeit. Viel Erfolg!«
Wir alle kennen solche Situationen. Die Klassenarbeit, die Fahr-
prüfung, das Bewerbungsgespräch für einen Job, den wir unbedingt
haben wollen, die Abschlussarbeit an der Uni oder das Gesellenstück
eines Tischlers am Ende der Ausbildung – immer wieder müssen wir
zeigen, was wir können, und uns vor jemandem beweisen.
Die Beurteilung unserer Leistung ist unweigerlich mit unserem
Selbstwert verknüpft. Sie kann uns ganz schön verunsichern oder
echte Selbstzweifel auslösen. Durch das Vergleichen mit anderen
wächst der Druck noch mehr und wird mitunter zum harten Kon-
kurrenzkampf. Wie komme ich am besten an? Wie kann ich besonders hervorstechen? Wir versuchen uns möglichst perfekt und
makellos darzustellen.

Das wirkt bis in unsere privaten Beziehungen hinein und prägt auch
unsere Vorstellung von Gott. Oft sehen wir in ihm den Fahrprüfer,
der streng kontrolliert, ob man es verantworten kann, uns alleine fah-
ren zu lassen. Oder auch den Chef im Bewerbungsgespräch, der uns
schonungslos beurteilt. Doch obwohl wir darunter leiden, wenden wir
unser einstudiertes Muster auch auf Gott an: »Schau her, ich bin doch
ein ziemlich guter Mensch. Und im Vergleich zu den anderen krieg
ich mein Leben echt gut auf die Reihe.«

Neu ist das nicht. Schon die Begleiter von Jesus haben diese »Wer-
ist-größer-besser-wichtiger«-Nummer bei ihm durchgezogen. Und
Jesus? Der setzte diesem Spiel etwas ganz anderes entgegen.
Er rief eines der Kinder zu sich, die gerade um sie herum spielten.
Die Jünger schauten ziemlich ratlos auf die Kinderbande und den

kleinen Knirps in ihrer Mitte. Eben waren sie noch dabei, sich in der Ehre zu sonnen, dass Jesus sie als seine wichtigsten Vertrauten ausgesucht hatte, und diskutierten darüber, wer von ihnen wohl der Allerwichtigste ist. Und dann sagte der Mann, den sie ihren Herrn und Meister nannten, nur diesen einen Satz: »Wer so klein und demütig sein kann wie ein Kind, der ist der Größte in Gottes himmlischem Reich.«[23] Autsch! Das war ziemlich deutlich.

Jesus stellt das herkömmliche Beurteilungssystem komplett auf den Kopf. Er denkt gar nicht daran, sich vom Auftreten einer Person oder von ihrem Können beeindrucken zu lassen. Es geht ihm um viel mehr. Um den Menschen dahinter, seine Persönlichkeit – die echte, nicht die antrainierte. Dieser Mensch interessiert ihn, mit allen Fehlern, Macken und verletzten Stellen.

Wer so klein und demütig sein kann wie ein Kind, der ist der Größte in Gottes himmlischem Reich.

Er will nicht der distanzierte Typ auf der Rückbank des Lebens sein, der auf unsere Performance achtet und Strafpunkte verteilt. Er wünscht sich eine Beziehung mit uns, durch alle Höhen und Tiefen, die trotz – oder gerade wegen – unserer Unzulänglichkeiten immer sicherer wird. Er will den Stress, sich dauernd beweisen zu müssen, durch seine Ruhe ersetzen.

Kommt alle her zu mir, die ihr müde seid und schwere Lasten tragt, ich will euch Ruhe schenken.
– Jesus

DONNERSTAG
Das Gewitter

Die Luft ist zum Schneiden dick. Das Atmen fällt schwer. Der Himmel drückt wie eine dunkle schwere Decke auf die Erde. Man sehnt das Gewitter förmlich herbei, den erlösenden Regen, der den Staub in der Atmosphäre wegspült, den Dreck von den Straßen fegt. Erstes Wetterleuchten in der Ferne, dumpfes Grollen. Für einige Sekunden scheint die Schöpfung den Atem anzuhalten, völlige Windstille und dann bricht es los, das Chaos, das Brausen.

Ein gleißender Blitz zerschneidet die Luft, schlägt ein, durchdringt die Erde, gefolgt von einem ohrenbetäubenden Donner. Der Sturm treibt den Regen vor sich her wie eine wütende Furie. Entfesselte Macht. Leidenschaftlich, reinigend.

Die Wucht lässt nach, aus der Sturzflut wird ein sanftes Perlen. Die Hitze verdampft, der Himmel strahlt im intensiven Blau. Luft. Licht. Es duftet nach satter Erde und frischen Trieben. Die Schöpfung atmet auf.

Da machte Jesus aus Stricken eine Peitsche und jagte sie alle aus dem Tempel.

Vor über 2000 Jahren erlebten die Menschen in Jerusalem eine Reinigung ganz anderer Art und doch mit derselben Notwendigkeit: Im Tempelvorhof wurde nicht mehr gebetet, sondern reger Handel getrieben. Ein lautes, stinkendes Markttreiben in der brütenden Hitze. Das Vieh blökte, die Händler überboten sich mit lauter Stimme, stickige Luft und drückende Enge. Ein Mann betritt diese Szene. Zorn steigt in ihm auf. Der Tempel ist heilig. Es ist das Zuhause seines Vaters, das hier verkommt und missbraucht wird.

Johannes, einer der Autoren der Evangelien, berichtet das so:

Da machte Jesus aus Stricken eine Peitsche und jagte sie alle aus dem Tempel. Er trieb die Schafe und Rinder hinaus, warf die Münzen der Geldwechsler auf den Boden und stieß ihre Tische um. Dann ging er zu den Taubenverkäufern und befahl ihnen:»Schafft das alles fort. Macht aus dem Haus meines Vaters keinen Marktplatz!« Da erinnerten sich die Jünger an die Prophezeiung aus der Schrift:»Die Leidenschaft für dein Haus brennt in mir.«
Johannes 2,15-17

Ein einziger Mensch tritt ein gewaltiges Unwetter los. Was muss das für ein Chaos gewesen sein! Brüllendes Vieh, das in Panik umherrannte. Menschen, die nicht wussten, wie ihnen geschah, keine Zeit, das Geld unter den umgestürzten Tischen aufzusammeln oder die Einkäufe zu sichern.

Alles ist außer Kontrolle. Alles? Nein. Einer hat das Ruder in der Hand. Er ist wild. Er ist leidenschaftlich. Er ist entschlossen. Er ist nie halbherzig unterwegs. Er ist nicht der zahnlose und harmlose Sandalenträger, der sanft lächelnd dem Missbrauch zusieht. Jesus ist kühn und aufrichtig. Er stellt sich dem Unrecht in den Weg. Er ist die wahrhaftigste Person, die jemals auf der Erde gelebt hat. Und er liebt leidenschaftlich. So leidenschaftlich und konsequent, dass er sich am Tag seiner Kreuzigung selbst seinem schlimmsten Sturm stellt.

FREITAG
Die Macht

Eigentlich wäre Pontius Pilatus nur ein Lokalpolitiker gewesen. Am Gang der Weltgeschichte hätte er nicht viel verändert. Und wir würden auch seinen Namen nicht kennen. Wenn Karfreitag nicht gewesen wäre. Falls du jetzt fürchtest, dich in der Woche geirrt zu haben, sei beruhigt: Nein, wir springen nur für einen kurzen Moment eine Woche vor.

Um das Jahr 30 n. Chr. saß Pontius Pilatus also in der römischen Provinz Judäa an den Schalthebeln der Macht. Pilatus war der gefürchtete Statthalter des römischen Kaisers. Judäa galt als aufrührerisch und er besaß die nötige Härte, sich durchzusetzen. Hinrichtungen, insbesondere auch Kreuzigungen, waren ein bewährtes Mittel, um zu zeigen, wer die Zügel in der Hand hatte. Wobei genau das an diesem Freitag nicht so eindeutig war, wie sich zeigen wird.

Jesus steht vor Pilatus. Die religiösen Führer von Jerusalem hatten Jesus verhaftet und in Fesseln zu ihm gebracht. Es folgt eines der berühmtesten Verhöre der Menschheitsgeschichte. »Ich wasche meine Hände in Unschuld!« Oder: »Wahrheit, was ist das?« – Diese Pilatus-Zitate haben es zu zeitloser Berühmtheit geschafft.

Und sie deuten schon an: In der Begegnung mit diesem Jesus scheint der sonst erfolgreiche Mann, der gewohnt ist zu führen, nicht so richtig zu wissen, was er machen soll. Das Gespräch zwischen den beiden ist rätselhaft und bemerkenswert zugleich. Ein kurzer Ausschnitt:[24]

Pilatus: *Woher kommst du?*
Jesus: *(Schweigt.)*
Pilatus: *Na, redest du nicht mit mir? Weißt du denn nicht, dass ich die Macht habe, dich freizulassen oder dich zu kreuzigen?*

Jesus:	*Du hättest keine Macht über mich, wenn sie dir nicht von oben gegeben wäre.*
Pilatus:	*(Wahrscheinlich etwas pikiert.) Bist du der König der Juden?*
Jesus:	*Du sagst es.*

Ist es nicht erstaunlich, welche Sicherheit Jesus in diesem Verhör ausstrahlt? Jesus zeigt sich in dieser brenzligen Lage einem Machtmenschen wie Pilatus, der als skrupellos gilt, scheinbar völlig ausgeliefert, mit einer unglaublichen Ruhe. Und das, nachdem er übrigens bereits ausgepeitscht und verspottet worden war.

Wenn wir uns auf der Seite des allmächtigen Vaters wissen, können wir erstaunlich ruhig werden.

Jesus lebte zwar im Herrschaftsbereich Roms, aber er wusste eine ganz andere Macht auf seiner Seite. Die Macht, die außerhalb von Raum und Zeit steht, jene Macht, die nicht durch den Tod begrenzt ist. Er wusste, dass in allem, auch wenn er es noch so schmerzhaft und real erlebte, sein Vater das letzte Wort behalten würde. Sein Vater, der Allmächtige, der den Mächtigen ihre Macht verleiht und sie ihnen wieder nimmt.[25]

Wir kennen dieses Gefühl von Machtlosigkeit in aussichtslosen Situationen. Oder diese beklemmende Unsicherheit bei Menschen, die Macht über uns haben. Aber wenn wir uns auf der Seite des allmächtigen Vaters wissen, können wir plötzlich erstaunlich ruhig werden. Denn dann sehen die Machtverhältnisse ganz anders aus.

SAMSTAG
Der Lehrer

»Guuuten Mooooorgen, Herr Müüüüller!«, murmeln dreißig relativ verschlafene Stimmen in einem eigentümlichen Singsang, den nur Schüler beherrschen.

Weißt du eigentlich, wie lange du die Schule besucht hast? Rund 12 000 Schulstunden sind es von der ersten bis zur zehnten Klasse. Da haben wir bestimmt eine Menge gelernt – und in der Zwischenzeit auch wieder vergessen. Viel besser in Erinnerung haben wir meistens, wie unsere Lehrer oder Lehrerinnen waren. Da gibt es den zerstreuten Physikprofessor, die gut gelaunte Sportskanone oder den strengen Mathelehrer. Manche erinnern sich sogar besser an die Kleidung oder das Parfüm der Lehrerin als an die Ostergeschichte im Religionsunterricht.

Der Unterricht bei Jesus war anders. Anders als der, an den wir uns erinnern. Wie viele andere Rabbis zu dieser Zeit hatte auch Jesus Schüler, das waren seine Jünger. Sie waren nicht nur stundenweise anwesend; sie begleiteten Jesus jeden Tag, 24 Stunden. Er lehrte sie nicht in der Schule, sondern dort, wo er gerade war. Sein Klassenzimmer waren Straßen, Privathäuser und gelegentlich auch mal ein Boot.

Er lehrte nicht in der Schule, sondern auf Straßen, in Privathäusern und gelegentlich auf einem Boot.

Eine ganz besondere Lektion lernten die Jünger, als sie mit Jesus ans andere Ufer eines Sees fuhren:[f] Bald darauf erhob sich ein heftiger Sturm. Hohe Wellen schwappten ins Boot, bis

---

f) Du kannst diese Geschichte in Markus 4,35-41 nachlesen. Teilweise zitieren wir im Folgenden auch direkt aus dem Bibeltext.

es fast ganz voll Wasser gelaufen war. Die Jünger hätten eigentlich beruhigt sein können, denn sicher hatten sie vorher gelernt, dass sie sich in jeder Situation auf Jesus verlassen konnten. Und außerdem machte sich Jesus offensichtlich auch keine Sorgen. Denn er schlief hinten im Boot in aller Seelenruhe auf einem Kissen. Doch so ging die Geschichte nicht weiter. In ihrer Verzweiflung weckten sie ihn schließlich und riefen:»Lehrer, macht es dir denn gar nichts aus, dass wir umkommen?«

Die Reaktion seiner Schüler war überhaupt nicht vertrauensvoll. Alles, was sie bisher über Jesus wussten, war an ihre Grenzen gekommen. Ihr Glaube konnte in dieser lebensbedrohlichen Situation nicht greifen. Was ihnen fehlte – und uns oft genauso –, ist die Erfahrung mit dem Gelernten. Denn Wissen allein verändert nicht unser Herz.

Bei diesen Hilferufen wachte Jesus auf und stellte sich voller Autorität in das Boot. Er bedrohte den Wind und befahl dem Wasser:»Schweig! Sei still!« Sogleich legte sich der Wind, und es herrschte tiefe Stille.

Wow!»Wer ist dieser Mann, dass ihm sogar Wind und Wellen gehorchen?«, staunten die Jünger. Die Nachwirkungen der Lehre über Angst, Vertrauen und die Macht von Jesus waren gewaltig. Wir können uns sicher sein, dass diese Praxiseinheit im Leben seiner Schüler nachhaltig Eindruck hinterlassen hat.

Wie in der Schule können wir uns viel Wissen über den christlichen Glauben aneignen. Aber damit Glaube wirklich trägt, müssen wir diesen Lehrer kennenlernen, der im Sturm schläft, weil ihm Wind und Wellen gehorchen. So beginnen wir zu staunen wie die Jünger, die verwundert fragen:»Wer ist dieser Mann?«

Vom Kopf ins Leben

Bis zu diesem Kapitel hast du jetzt schon einiges
über Jesus und Ostern lesen können.

Es gibt über dieses Buch hinaus noch
viele Möglichkeiten für echte Ostererlebnisse.
Dazu findest du einige Highlights auf Seite 153.

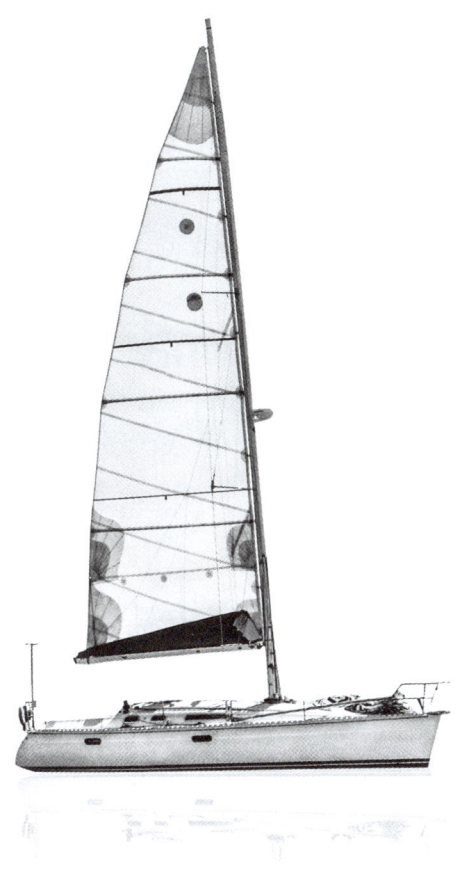

EWIGES LEBEN?

Da liegt sie, klein und süß, unschuldig. Eine Blaumeise, offensichtlich aus dem Nest gefallen – oder geschubst? Die Natur ist manchmal grausam. Ich wende mich ab, gehe ein paar Schritte weiter. Ein unbehagliches Gefühl macht sich in mir breit, irgendwo in der Magengegend drückt es unangenehm. Darf der Vogel hier überhaupt liegen? So offensichtlich. Sollte man ihn nicht wegbringen?

Ich blicke zurück. Ein paar Kinder kommen angelaufen: »Schau mal! Wie süß!« – »Armer kleiner Vogel!« – »Nicht anfassen. Der ist tot.«

Sie betrachten das kleine Federknäuel voller Neugierde und Faszination, ausgiebig, interessiert und doch ruhig. Und nur wenige Augenblicke später spielen sie weiter unbekümmert ihr Spiel – keine Spur von Bedrückung oder Unwohlsein. Und mir läuft der kalte Schweiß von der Stirn, mein Herz krampft sich zusammen. Dieser unerwartete und definitiv ungewollte Anblick des Todes mitten im Park, wo ich Erholung suchte, Ruhe, Frieden. Und jetzt?

Ich setze mich auf eine Bank und schaue den Kindern beim Spielen zu. Sie haben keine Angst vor dem Tod. Warum? Weil er noch so weit weg ist? Auch Kinder können sterben. Der Tod gehört zum Leben dazu – ein wahrer Satz; schon oft gehört. Aber habe ich ihn akzeptiert? Versuche ich nicht eher alles, um den Tod aus meinem Leben wegzudrängen, wegzudenken?

Auch wenn mein Kopf den Tod, irgendwo ganz tief in meinen Gehirnwindungen, als natürliche und notwendige Gegebenheit abgespeichert hat, schreit irgendetwas, irgendetwas Unterdrücktes, in mir laut und durchdringend: »Ich will nicht sterben! Ich will das nicht. Ich will leben.«

Was ist das für eine Stimme? Ist es nicht wahnsinnig egoistisch und selbstverliebt, diesen Wunsch nach ewigem Leben zu haben?

Ein ziemlich verstaubter, archaischer Wunsch aus alten Märchen und Geschichten. Darf ich das überhaupt denken oder sogar wünschen?

Oder ist es vielleicht doch einfach nur eine ganz natürliche Sehnsucht nach der Ewigkeit, die von Anfang an in jeden Menschen hineingelegt wurde?

Nein – sagt meine Vernunft. Nein, der Tod gehört zum Leben dazu. Wohin sollte das denn führen, wenn alles einfach immer weiterlebt? Was wäre das für eine Welt? Da bräuchte man ja unendlich viel Platz! Unendlich viel Zeit … Ja, man bräuchte dafür die Ewigkeit.

Kann es am Ende doch sein, dass es stimmt? Dass es einen Ort für uns gibt, ohne die beengenden Grenzen von Raum und Zeit? An dem wir frei und sorglos leben können?

Ich höre die Kinder lachen, sorglos und frei, zeitvergessen. Beneide ich sie? Oder fange ich an, ernsthaft zu suchen? Suchen nach dem, wonach mein Innerstes sich heimlich und leise, aber unüberhörbar sehnt. Nach dem ewigen Leben.

1

DIE WOCHE
VOR OSTERN

PALMSONNTAG
Das Wunder von Ostern

Abpfiff. Endstand 3:2. Die deutsche Nationalelf gewinnt den Regen-Fußball-Krimi gegen Ungarn vor 60 000 Zuschauern und ist Weltmeister!

So weit die scheinbar wichtigsten Fakten eines WM-Endspiels, das 1954 in Bern stattfand, also vor sehr langer Zeit. Ein Fußballspiel mit 22 jungen Männern, die 90 Minuten über den Rasen rennen, wie bei allen anderen Spielen auch.

Nur war dieses Spiel nicht irgendein Spiel. Sondern ein Spiel, das hartgesottenen Männern Tränen in die Augen trieb. Das einer ganzen Nation neuen Mut gab. Es war das Wunder von Bern. Damit wir dieses »Wunder« verstehen können, müssen wir tiefer graben. Es braucht Einzelheiten, Kontext und Hintergründe:

Es war die erste Fußball-Weltmeisterschaft überhaupt, an der Deutschland wieder teilnehmen durfte, neun Jahre nach dem schrecklichen Krieg. Die Nachkriegszeit war für Deutschland eine erniedrigende Zeit der Scham und des Ausgeschlossen-Seins aus der Völkergemeinschaft.

Niemand, aber auch wirklich niemand – außer vielleicht Cheftrainer Sepp Herberger –, hätte dieser Mannschaft einen solchen Sieg zugetraut. In der Vorrunde erhielten die Spieler Hass-Briefe, nachdem sie hoch gegen Ungarn verloren hatten. Die ungarische Elf war nun auch im Finale haushoher Favorit, galt als weltbestes Fußballteam.

Alles roch nach einer Niederlage: Nach nur acht Spielminuten lag man 0:2 im Rückstand. Pfiffe im Stadion. Aber die Mannschaft gab nicht auf, kämpfte weiter, mit dem Geist von »Einer für alle, alle für einen«. Und wurde mit dem überraschenden großen Sieg belohnt.

Durch den unerwarteten Titelgewinn entstand ein kollektives Wir-Gefühl: Nicht »Deutschland wurde Weltmeister«, sondern »Wir wurden Weltmeister!«. Endlich gab es wieder etwas, worauf man stolz sein konnte. Dieses Spiel erzeugte eine mentale Aufbruchstimmung in der noch jungen Bundesrepublik wie kein anderes Sportereignis zuvor oder danach.[26] Der Politologe Artur Heinrich sagt: »Der sportliche Erfolg befreite Deutschland aus der gesellschaftlichen Isolation.«[27]

Noch heute steht deshalb das Wunder von Bern nicht nur für ein besonderes Fußballspiel vor knapp 70 Jahren. Denn es hatte eine weit tiefere Bedeutung für Millionen von Menschen.

Ostern. Das christliche Fest zur Erinnerung an die Auferstehung von Jesus von Nazareth, rund um das Jahr 30. Drei Tage zuvor hatte der römische Statthalter Pilatus den bekannten jüdischen Wanderprediger zum Tod durch Kreuzigung verurteilt.[g]

So weit die scheinbar wichtigsten Fakten. Die können einen aber ziemlich kaltlassen. Sie berühren null. Ist es nicht ein wenig wie beim Wunder von Bern? Um zu verstehen, warum Ostern nach so langer Zeit immer noch so bedeutend ist, dass Millionen Menschen es feiern, braucht es mehr. Es braucht Einzelheiten, Kontext und Hintergründe: Wer war dieser Jesus von Nazareth? Wer wollte ihn, den Wanderprediger und Menschenfreund, unbedingt tot sehen? Wie war das noch mal mit dieser Auferstehung? Und vor allem: Welche Bedeutung könnte das für uns Menschen im 21. Jahrhundert haben?

In den vergangenen drei Wochen haben wir kurze Schlaglichter auf Ostern und das Leben von Jesus – dem eigentlichen Protagonisten der Ostergeschichte – geworfen. In den kommenden acht Tagen

---

g) Die Forschung ist sich einig, dass Jesus in einem der Jahre 30-36 gekreuzigt wurde, vermutlich 33. Mehr dazu findest du auch im Kapitel *Der historische Jesus*.

werden wir noch mal tiefer graben. Denn gegen Ende des irdischen Lebens von Jesus spitzen sich die Ereignisse zu. Gegner und Fans, Verehrerinnen und Spötter, religiöse Elite und hartgesottene Soldaten sind gleichermaßen verwirrt und überrascht.

Es geht buchstäblich um den Kampf von Leben und Tod, um unerschütterliche Liebe, die sich auch von abgrundtiefem Hass, von hässlichster Verachtung und grausamer Folter nicht besiegen lässt.

Um zu verstehen, warum Ostern heute noch so bedeutend ist, dass Millionen Menschen es feiern, braucht es Einzelheiten und Hintergründe.

Es geht um die Erfüllung seiner Mission – das Wunder von Ostern.

MONTAG
Der große Tag

Das Publikum applaudiert, alle Plätze sind besetzt, die Musik setzt ein. Es war ein weiter Weg auf die Bretter, die die Welt bedeuten. Casting, Recall, Proben, Proben, Proben, fast ein Jahr lang. Aber jetzt ist das alles vergessen. Der Vorhang geht auf. Endlich ist er da, der große Tag.

Die Triebwerke heulen auf. Der Dreamliner bewegt sich langsam, majestätisch in Richtung Startbahn. In wenigen Augenblicken wird der stählerne Vogel abheben. Mehr als zwei Jahre haben sie dafür gespart, sich als Familie diesen Traum erfüllen zu können. Osterurlaub. USA. Das Abenteuer kann losgehen. Endlich ist er da, der große Tag.

Die Glocken läuten, die Gäste stehen auf. Und sie schreitet durch den Mittelgang. So oft hat sie sich diesen Moment schon vorgestellt. Die Musik, die Deko, das Menü, die Location. So vieles gab es zu bedenken und zu planen. Doch jetzt wird er Ja sagen. Und sie natürlich auch. Endlich ist er da, der große Tag.

Er reitet in die Hauptstadt ein. Sie jubeln ihm zu. Haben ihre Kleider auf den Boden gelegt, sozusagen den roten Teppich für ihn ausgerollt. Schon lange haben sie auf diesen Moment gehofft. Drei lange Jahre sind sie nun mit ihm durch die Provinz gezogen, seit er sie als seine engsten Vertrauten auserwählt hat; drei Jahre hat er von »Gottes Reich der Gerechtigkeit« gesprochen. Nun ist es so weit: Die Menschen begrüßen ihn als den gerechten König. Endlich ist er da, der große Tag![h]

---

h) Jesus reitet in Jerusalem ein: Du findest die Geschichte in Lukas 19,28-40 oder in Johannes 12,12-19.

Nun ist es so weit:
Die Menschen
begrüßen
Jesus als den
gerechten König.

Und sie, seine Jünger, sind mittendrin. Was für eine Ehre, zu ihm zu gehören. Viele seiner Fans schwenken Palmzweige. Das ist übrigens auch der Grund, warum der Sonntag vor Ostern bis heute Palmsonntag genannt wird. Die Menschen rufen Hosianna. Das ist nicht einfach ein Jubelruf, sondern es bedeutet »Hilf uns doch!«, und damit sagen sie so viel wie: »Du bist der Messias, der neue König der Juden. Befreie uns!«[28]

Der König der Juden?

Der Zeitpunkt, um Jesus endlich als den langersehnten Retter der Juden zu präsentieren, scheint ideal: Die Hauptstadt war voller Touristen – jüdische Pilger von nah und fern waren zum großen Passahfest[i] nach Jerusalem gekommen. Außerdem sind in diesen Tagen alle besonders neugierig, Jesus zu sehen. Denn es hatte sich schon überall rumgesprochen, was sich vor wenigen Tagen in einem Vorort der Stadt zugetragen hat: Ein Mann sei von Jesus vom Tod auferweckt worden. Lazarus, wie der Ex-Tote hieß, hatte bereits mehrere Tage im Grab gelegen. Was für eine Sensation!

Dass Jesus in letzter Zeit immer häufiger von etwas ganz anderem gesprochen hatte, haben die Jünger in ihrer Euphorie scheinbar verdrängt: dass er »viel Schlimmes erleiden müsse und von den führenden Männern des Volkes, den obersten Priestern und den Schriftgelehrten verworfen werde; er werde getötet werden und drei Tage später wieder auferstehen«[29].

---

i) Das Passahfest ist eines der wichtigsten Feste im Judentum. Es gehört zu den Pilgerfesten, d. h., alle gläubigen Juden pilgerten nach Jerusalem, um dort gemeinsam eine Woche lang zu feiern. Es erinnert an die Befreiung aus der Sklaverei in Ägypten. Im Zentrum steht u. a. ein Lamm, das geschlachtet und verzehrt wird. Es wird als Referenz auf Jesus gedeutet.

Tatsächlich sind die führenden Juden alarmiert. Die Gerüchte der Totenauferweckung lassen sie das Schlimmste befürchten: eine Massenhysterie, die in einen Aufstand gegen die römischen Besatzer ausarten könnte. »Versteht ihr nicht, dass es besser ist, wenn nur ein Mann anstelle des Volkes stirbt und so nicht das ganze Volk umkommt?«, sagt schlussendlich der Hohepriester Kaiphas. Seine Worte leuchten seinen Kollegen im Hohen Rat ein.[30]

Kaiphas weiß genau: Wenn er seine Macht erhalten will, darf er sich nicht mit den Römern anlegen. Er war zwar der höchste religiöse Repräsentant des Volkes. Aber das war er nicht wegen seiner besonderen Frömmigkeit, sondern durch Familienverbindungen, Macht und Gier.[31]

Auch andere Leute beobachten die begeisterten Menschen, die Palmwedel schwingen, und Jesus, der auf dem Eselfohlen durch das Tor in die Stadt reitet, mit Argwohn: die Schriftgelehrten. Sie nahmen die Schriften und Gebote der alten Propheten Israels ernster als Kaiphas und Co. Viele von ihnen gehörten zur Gruppierung der Pharisäer und sie waren im Volk sehr einflussreich.

Es fiel ihnen schwer, Jesus richtig einzuordnen. Einerseits sprach er wie einer ihrer Propheten, die sie so sehr verehrten. Und seine offensichtlichen Wundertaten waren nicht zu leugnen. Aber er kritisierte sie, die Vertreter des jüdischen Gesetzes, ständig. Er ordnete sich ihrer Autorität nicht unter. Und natürlich waren sie neidisch auf Jesus, dem die Menschen in Scharen nachliefen.[32]

Nun muss man bedenken, dass die Pharisäer und mit ihnen das gesamte Volk Israel sehnlichst auf den großen Tag warteten, an dem das Königreich Israel wiederhergestellt würde. In ihren Schriften hatten jüdische Propheten wie Jesaja und Sacharja schon vor vielen Jahren den Messias[j], den gottgesandten Retter des Volkes, verspro-

---

j) Messias bedeutet »der Gesalbte«. Christus ist eine Übersetzung davon, die aus der griechischen Sprache kommt.

chen, der als neuer König wieder den Thron ihres einstigen großen Königs David besteigen würde. Israel würde wieder Bedeutung haben und nicht nur als römische Provinz verkümmern. Doch Jesus, der vorwiegend predigte, Kranke heilte und sich mit Außenseitern abgab, passte einfach nicht in ihr Bild eines neuen starken Herrschers.

Deshalb ärgerten sie sich über seine ständigen Andeutungen: dass er mehr sei als ein Prophet. Dass Gott sein Vater im Himmel sei. Dann müsste Jesus ja Gottes Sohn sein. Das ist doch Blasphemie!

Jesus, der Kranke heilte und Außenseiter liebte, passte nicht in das Bild des starken Herrschers.

Und nun lässt er sich sogar von seinen Anhängern als neuen König feiern. Die Pharisäer fordern ihn deshalb auf, seine jubelnden Fans zur Vernunft zu bringen. Worauf er antwortet: »Würden sie schweigen, dann würden die Steine schreien!«[33]

So reitet er nun also mitten durch die feiernde Menschenmenge, eine Szene, die übrigens genau so durch einen von Israels Propheten vorausgesagt wurde: »Freut euch, ihr Bewohner von Jerusalem! Seht, euer König kommt zu euch. Er ist gerecht und siegreich, und doch ist er demütig und reitet auf ... dem Jungen einer Eselin.«[34]

Was Jesus wohl in diesem Moment durch den Kopf geht? Genießt er diesen Augenblick des Jubels und der Zuneigung, ja, sogar der Anbetung? Freut er sich mit seinen Jüngern? Oder bedrückt es ihn, dass sie alle immer noch nicht verstanden haben, dass er keine weltliche Revolution anführen will, dass sein Königreich nicht von dieser Welt ist und dass es ihm nicht um die Befreiung von den römischen Unterdrückern geht?

Das römische Militär hat seine Präsenz in den Tagen rund um das große Fest in Jerusalem verstärkt. In den vergangenen Jahren kam es immer wieder zu kleineren terroristischen Aktionen durch die religiös fanatische Gruppierung der Zeloten.[k]

Aber der Wanderprediger Jesus und seine Anhänger haben bisher eigentlich keinen Ärger gemacht. Für die Römer ist er einfach ein weiterer religiöser Spinner. Möchtegern-Messiasse waren auch vor ihm schon aufgetreten.

Wer ist dieser Jesus?

Die Erwartungen und die Reaktionen waren an jenem Tag ganz unterschiedlich. Je nachdem, zu welcher Gruppe man gehörte.

Die Anhänger von Jesus erwarten die Erfüllung ihrer tiefsten Wünsche. Heute ist ihr großer Tag. Denn sie haben alles auf die Karte *Jesus* gesetzt.

Die obersten Priester des Hohen Rates erwarten Ärger. Sie haben Angst um ihre Macht. Für sie ist Jesus eine Bedrohung.

Die Pharisäer erwarten, dass Jesus sich ihnen endlich unterordnet. Für sie ist Jesus ein unangenehmer Kritiker. Und, noch viel schlimmer, ein Gotteslästerer.

Die Römer erwarten nichts von ihm. Sie machen ihren Job und versuchen, alles unter Kontrolle zu halten. Für sie ist Jesus ein religiöser Fanatiker.

Die Festbesucher erhoffen sich, diesen Jesus mal aus der Nähe zu sehen, vielleicht eine schöne Rede zu hören. Man sagt, er könne so gut Geschichten erzählen. Oder sogar ein Wunder erleben, live und in echt?

Findest du dich hier irgendwo wieder? Mit wem kannst du dich am ehesten identifizieren?

---

k) Die Zeloten waren eine paramilitärische Widerstandsbewegung der Juden gegen die römische Besatzung.

Keine dieser Gruppen hat Jesus zu diesem Zeitpunkt so richtig verstanden. Sie fragten sich ständig: »Wer ist dieser Mann?« Er war ein Rätsel für sie, ein Geheimnis.

Aber innerhalb von nur einer Woche nach Palmsonntag bekamen die Jünger von Jesus eine komplett neue Sicht. Trotzdem ist Jesus in mancher Hinsicht ein Geheimnis geblieben – bis heute.

Auch bei uns, den Autorinnen und Autoren dieses Buches, bleiben viele offene Fragen und wir verstehen manches nicht. Aber gerade durch die intensive Beschäftigung mit Ostern, um diese Texte zu schreiben, sind wir neu fasziniert und voller Freude über dieses Geheimnis.

Egal, ob du dich als begeisterter Anhänger von Jesus bezeichnen würdest oder, wie ein Jerusalemer Festbesucher vor 2000 Jahren, zufällig über diesen Jesus gestolpert bist. Egal, ob du ihn mit einigem Sicherheitsabstand beobachtest oder ob du für Jesus deine Kleider auf die Straße legen und Palmzweige schwingen würdest:

Wir wünschen uns, dass die kommenden Tage – wie damals – eine ganz neue Sicht auf diese geheimnisvolle Frage bereithalten: Wer ist Jesus?

DIENSTAG
Beschädigte Verpackung

Wenn wir uns kurz vor Ostern die Süßigkeiten-Regale im Supermarkt anschauen, könnte man Ostern auch »das Fest der schönen Verpackung« nennen. Die unterschiedlichsten Hersteller von Süßigkeiten, Pralinen, Schokoeiern und Osterhasen überbieten sich jedes Jahr aufs Neue mit bunt glänzenden Folien, kunstvoll geschwungenen Schleifen und teuren Schachteln mit edler Goldprägung.

Jede dieser Verpackungen schreit: »Siehst du, wie gut ich aussehe? Nun stell dir erst meinen Inhalt vor: Ich werde dir nicht nur einfach dein Leben versüßen, nein, ich bin ein kulinarisches Meisterwerk! Du wirst begeistert sein. Kauf mich!«

Klischeehaft, aber wahr: Das Auge kauft mit. Es urteilt über den Wert von Dingen. Und wenn die Verpackung nicht ansprechend ist – oder gar defekt –, werden wir das Produkt normalerweise nicht kaufen. Wenn wir die Wahl haben, entscheiden wir uns für die schöne Verpackung.

Es könnte allerdings eine Ausnahme geben: Stell dir vor, du würdest vor dem Regal stehen und entdeckst deine absoluten Lieblingspralinen. Dann bemerkst du, dass die Verpackung beschädigt ist. Weil du den Inhalt so sehr liebst, ist das Äußere nicht mehr entscheidend. Und du wirst »deine« Pralinen allen anderen perfekt aussehenden Schachteln vorziehen, richtig?

Jesus schien ein ganz besonderes Faible für »beschädigte Verpackungen« zu haben, für Menschen, die auf den ersten Blick wenig zu bieten hatten. Er war auf das Innerste der Menschen fokussiert, ganz im Sinn des Propheten Samuel, der 1000 Jahre zuvor geschrieben hatte: »Ein Mensch sieht, was vor Augen ist; der Herr aber sieht das Herz an.«[35]

Wir haben ja schon im ersten Teil dieses Buchs von den vielen Wundern, dem faszinierenden Predigtstil von Jesus und von den vielen Heilungen gelesen, die Jesus zu einer bekannten Persönlichkeit gemacht hatten. Tausende waren fasziniert und wollten ihn sehen. Das wäre heute sicher genauso.

Er würde die Massen anziehen. Die Leute würden sich stundenlang anstellen für ein Selfie mit ihm. Das Fernsehen wäre live vor Ort und die Einschaltquoten würden durch die Decke gehen. Und Jesus würde wichtige Einladungen erhalten: Man würde ihn gerne als Sprecher des Eröffnungsgottesdienstes beim Ökumenischen Kirchentag engagieren, als Ehrengast zur Generalversammlung des Internationalen Roten Kreuzes einladen und der Bundespräsident möchte ihm beim Neujahrsempfang die Ehrenmedaille für außergewöhnliches sozialbürgerliches Engagement verleihen. Und er wäre sicher ein gern gesehener Gast in allen Talkshows.

Auch die Mächtigen und die Wichtigen zur Zeit von Jesus hätten sich gerne mit dem im Volk so populären Jesus gezeigt. So heißt es über den jüdischen Herrscher Herodes:»Herodes freute sich sehr, Jesus kennenzulernen. Er hatte schon viel von ihm gehört und immer gehofft, einmal Zeuge eines seiner Wunder zu werden.«[36]

Doch das von Herodes erhoffte Wunder blieb aus. Und auch das gegenseitige Kennenlernen fiel eher schmal aus. Denn die Begegnung zwischen Jesus und Herodes war kein freundliches *Meet and Greet*, sondern das Verhör, bei dem die Gegner von Jesus seine Verurteilung zum Tod forderten. Herodes stellte dabei Frage um Frage. Aber Jesus gab ihm keine einzige Antwort.

Unter normalen Umständen hätte man Jesus nicht im Palast angetroffen. Er gab nichts auf Verleihungen von Ehrenmedaillen und Wohltätigkeitsgalas. Er hielt nichts von»sehen und gesehen werden«. Nein, vielmehr sah er die Menschen, die sonst übersehen wurden, und diejenigen, die niemand sehen wollte. Menschen wie Zachäus.

Zachäus, der Steuereintreiber

»Zachäus hatte versucht, einen Blick auf Jesus zu werfen, aber er war zu klein, um über die Menge hinwegschauen zu können. Deshalb lief er voraus und kletterte auf einen Maulbeerfeigenbaum am Wegrand, um Jesus von dort aus vorübergehen zu sehen.«[37]

Das Problem von Zachäus war nicht in erster Linie, dass er klein war. Sondern sein Job.

Stell dir vor, dein Heimatland würde von einer fremden Besatzungsmacht beherrscht. Dein gieriger Nachbar würde nun ausgerechnet diese Situation ausnutzen, um ein reicher Mann zu werden. Er würde dich unter dem Schutzschirm des feindlichen Unterdrückers um dein bitter Erspartes bringen. Du wärst seiner Macht ausgeliefert. Aber du würdest ihm auf keinen Fall mehr in einem Akt der Nachbarschaftshilfe deine Bohrmaschine ausleihen, du würdest ihn auf der Straße nicht grüßen, und wenn er dich zum Straßenfest einladen sollte (was dieser Geizhals eh niemals tun würde), würdest du garantiert nicht hingehen.

Genau so erging es den Nachbarn mit Zachäus, dem jüdischen Chef der Steuereintreiber, der für die römischen Besatzer überhöhte Gebühren verlangte. Doch die Geschichte mit dem verhassten Zachäus auf dem Baum nimmt eine überraschende Wendung: »Als Jesus kam, blickte er zu Zachäus hinauf und rief ihn beim Namen: ‚Zachäus!‘, sagte er, ‚komm schnell herunter! Denn ich muss heute Gast in deinem Haus sein.‘ Zachäus kletterte, so schnell er konnte, hinunter und geleitete Jesus voller Aufregung und Freude in sein Haus.«[38]

Eigentlich erstaunlich, dass Zachäus nicht vor Schreck und Überraschung vom Baum fiel, als er seinen Namen aus dem Mund des berühmten Rabbis hörte. »Woher kennt der eigentlich meinen Namen?«

Hast du auch schon mal die Kraft des eigenen Namens erlebt? Es ist ein eigenartiges Gefühl, wenn wir von jemandem mit unserem Namen angesprochen werden, von dem wir glauben, dass er uns nicht kennt.

Es verleiht der Person Autorität. Aber es verleiht uns auch eine besondere Wichtigkeit. Denn normalerweise erleben wir eher, wie Menschen unseren Namen vergessen, obwohl wir uns schon mehrmals vorgestellt haben. Und auch wenn wir es ihnen nicht übel nehmen, bleibt doch das Gefühl, dass wir ihnen nicht wirklich wichtig sind.

Zachäus war wichtig. Scheinbar war er in jenem Moment die wichtigste Person für Jesus. Hunderte von Menschen standen am Straßenrand und mussten zuschauen, wie Jesus diesem Gauner nach Hause folgte. Ist das gerecht? Warum ausgerechnet der? Das fragten sich die Leute immer wieder. Zum Beispiel auch in einer ähnlichen Situation, als er bei einem anderen Steuereintreiber zum Essen war:

Da machten die Pharisäer und Schriftgelehrten den Jüngern von Jesus heftige Vorhaltungen: »Wie könnt ihr nur mit diesem Abschaum essen und trinken?« Jesus antwortete ihnen: »Nicht die Gesunden brauchen den Arzt, sondern die Kranken. Ich bin gekommen, um Sünder zur Umkehr von ihren Sünden zu rufen, und nicht, um meine Zeit mit denen zu verbringen, die sich schon für gut genug halten.«
Lukas 5,30-32

Was ist mit diesem Geizhals passiert, dass er sein Geld so großzügig verteilen will?

Jesus sieht die verletzten, die kranken Herzen. Sein Blick bleibt nicht beim stinkreichen Steuereintreiber und Betrüger hängen; er sieht den einsamen Menschen. Er sieht hinter die Verpackung, hinter die Mauern, die sich Zachäus im Lauf seines Lebens aufgebaut hatte: »Niemand hilft mir, also muss ich mir selbst helfen. Was ich brauche, kann ich mir selbst kaufen. Und ich habe mein Leben selbst im Griff. Ich werde allen zeigen, was ich für ein Kerl bin.«

Dass Jesus ihn sieht und annimmt, ohne Vorbedingungen, ohne Vorwürfe, macht etwas mit ihm. »Herr, ich werde die Hälfte meines Reichtums den Armen geben, und wenn ich die Leute bei der Steuer betrogen habe, werde ich es ihnen vierfach erstatten!«[39]

Wow, das ging aber schnell! Kaum sind die Teller leer, steht Zachäus auf und verkündet die große Neuigkeit. Was ist mit diesem Geizhals passiert, dass er sein Geld so großzügig verteilen will? Plötzlich scheint das, was bisher das Wichtigste in seinem Leben war, zweitrangig. Und das Erstaunliche daran: Es gab keine Predigt, kein Wunder, keine Heilung. Einfach ein schönes gemeinsames Mittagessen.

Ein neues Bild

Der Besuch von Jesus brachte die festgefahrenen Bilder in Zachäus ins Wanken: das Bild, das er von sich selbst hatte, und das Bild, das er von Gott hatte. Die könnten etwa so ausgesehen haben:

Gott kann mich nicht mögen, denn meine Nachbarn mögen mich auch nicht. Und ich selbst mag mich eigentlich auch nicht.
Gott wird mich strafen, denn ich habe Menschen betrogen. Sie sagen, ich sei ein Sünder. Und ich weiß, dass sie recht haben.
Gott kann sich nicht für mich interessieren, schließlich bin ich meinen Mitmenschen auch egal.

Bilder, die du vielleicht nachvollziehen kannst … Das Bild von einem strafenden Gott, der weit weg ist und sich nicht wirklich für dich interessiert, geschweige denn, dass er dich mögen könnte. Das Bild einer Kirche, die Regeln aufstellt und Regelbrecher ausschließt, in der du an deinen Fehlern und Taten bemessen wirst und man dich verurteilt, sobald du über die Schwelle trittst. Und das Bild von dir selbst, dass du nun einmal so bist, wie du bist, und dass du damit eben leben musst.

Zachäus erlebt, dass Jesus sich für ihn interessiert, dass Jesus seinen Namen kennt, dass er ihn mag und dass er ihn nicht verurteilt.

Sagen nicht manche, dass Jesus der Messias sei, der versprochene Retter? Oder sogar Gottes Sohn? Wenn Jesus so ist, ist vielleicht auch Gott anders, als er es sich bisher vorgestellt hatte? Eröffnete das vielleicht auch für ihn, für den kleinen Zachäus, eine ganz neue Perspektive?

Tatsächlich erhielten sehr viele Menschen durch die Begegnung mit Jesus eine neue Perspektive. Und viele dieser Begegnungen waren viel spektakulärer als bei Zachäus. Zum Beispiel die vielen Heilungen von Menschen mit schweren körperlichen Behinderungen. Sie waren damals dreifach gestraft: Die Medizin konnte ihnen nicht helfen; es gab keine wirkliche Hoffnung auf Besserung. Sie waren für ihre Familie wertlos, weil sie nichts zum Überleben beitragen konnten. Oft wurden sie sogar ausgestoßen und mussten vor den Toren der Stadt leben. Und dann hieß es oft, sie seien nur deshalb krank, weil sie selbst oder ihre Angehörigen gesündigt hätten. Sie waren in den Augen der Gesellschaft also auch noch selbst schuld an ihrer schlimmen Situation! Sie durften deswegen nicht in den Tempel, denn sie galten als unrein. Und so hatten sie wenig Hilfe zu erwarten, schon gar nicht von Gott oder von seinen »irdischen Vertretern«, den Priestern.

Jesus erinnert an den liebenden Gott, der die Traurigen tröstet, die Mutlosen aufbaut und den Verzweifelten neue Hoffnung gibt.

Nun erleben sie Jesus, der nicht nur predigt, sondern sie an den liebenden Gott erinnert. Der Gott, der die Traurigen tröstet, die Mutlosen aufbaut und den Verzweifelten neue Hoffnung gibt. Und man hört, dass er Kranke heilt. Dass er sie sogar berührt. Dass er ihnen nicht nur Mut zuspricht, sondern die Macht hat, wirklich zu helfen.

Das entfacht in vielen ein Fünkchen Hoffnung, dass Gott sich tatsächlich auch um sie kümmern könnte, dass er auch ihnen helfen würde und dass sie nicht perfekt sein müssten, um wichtig für ihn zu sein: »Eine große Menschenmenge kam zu ihm und brachte ihm Gelähmte, Blinde, Krüppel, Stumme und viele Menschen mit anderen Gebrechen. Sie legten sie vor ihn hin, und er heilte sie alle.«[40]

Die Menschen in Galiläa kannten Gott. Oder dachten zumindest ihn zu kennen. Sie hatten ein klares Bild von ihm. Denn sie wurden gelehrt, wie Gott vor vielen Jahren das Volk Israel aus der Sklaverei in Ägypten befreit hatte. Sie kannten die glorreiche, 1000 Jahre alte Geschichte ihres geliebten Königs David.[1] Und natürlich kannten sie die vielen Verhaltensregeln für ein gottgefälliges Leben.

Aber Jesus war anders. Er malte ihnen ein neues Bild von Gott. Einem Gott, der sich für sie ganz persönlich interessierte, ihren Namen kannte. Einem Gott, der ihnen nahe kam, mit ihnen essen wollte. Einem Gott, der hinter ihre glänzende oder ihre kaputte Verpackung schaute und ihren wahren Wert erkannte. Einem Gott, der nicht verurteilte, sondern heilte.

Zwischen den Menschen in Galiläa und uns liegen 2000 lange Jahre. Es ist eine ganz andere Welt als damals. Und doch verbindet uns derselbe tiefe Wunsch, gesehen zu werden, zugleich aber auch die Furcht, jemanden hinter unsere Verpackung sehen zu lassen, die uns Sicherheit zu geben scheint.

Zachäus und viele andere haben Jesus erlebt, der sie bis ins Innerste kennt, aber niemals demütigt.

---

1) Zur Zeit von König David war Israels Herrschaftsgebiet am größten. Auf Davids Königshaus lag Gottes Verheißung, dass immer einer seiner Nachkommen König bleiben werde. Und interessant: Jesus war ein Nachkomme Davids.

Dürfen wir dir eine persönliche Frage stellen?

Was könnte es für dich bedeuten,
wenn Jesus dich genau auf dieselbe Weise sieht,
dich beim Namen nennt und so mit dir umgeht
wie mit Zachäus und seinen Mitmenschen?

MITTWOCH
Unser Traum und Gottes Versprechen

Der Traum von der wahren Liebe

Glaubst du an die wahre Liebe? An eine Liebe bis in den Tod? Eine Liebe, die nur das Beste für den anderen sucht, eine Liebe, die ein ganzes Leben lang hält? Klingt schon ein bisschen kitschig, oder? Wie eine Erfindung aus Hollywood.

Traumpaare wie Brad und Angelina (kurz »Brangelina«), Heidi und Seal, Diana und Charles gaben uns Hoffnung. Könnte doch etwas Wahres dran sein, an dieser Liebe? Bis ihre Ehen, eine nach der anderen, unter den Augen der Öffentlichkeit zerbrachen. Geplatzte Träume, enttäuschte Fans, Rosenkriege, Sorgerechtsstreite.

Durch das, was wir alltäglich in den Medien, aber auch in unserem persönlichen Umfeld sehen und erleben, verblasst die Idee dieser »wahren Liebe« mehr und mehr zu einem Disney-Märchen aus der Kindheit. »Und sie lebten glücklich bis ans Ende ihrer Tage.« Wirklich? Leider Fehlanzeige.

Im Lauf unseres Lebens werden wir so oft verletzt, ausgenutzt, kommen zu kurz oder werden übersehen, werden betrogen, hintergangen, verlassen.

Love hurts – Liebe schmerzt. Das ist leider viel zu oft unsere Realität.

Deshalb finden wir uns irgendwann damit ab, dass Liebe einfach nicht ewig hält. Dass wir Menschen eben nur bis zu einem gewissen Grad lieben können. Dass jeder selbst schauen muss, wo er oder sie bleibt. Es ist schmerzhafter, immer weiter von dieser Liebe zu träumen, sie am Ende aber vielleicht nie zu erleben, als den Tatsachen ins Auge zu sehen und den Traum aufzugeben.

Es ist erstaunlich, dass die Idee der wahren Liebe trotz aller Enttäuschungen einfach nicht totzukriegen ist!

Ist es nicht erstaunlich, dass die Idee der wahren Liebe trotz allem einfach nicht totzukriegen ist? Und dass uns aller Realismus und die alarmierenden Statistiken nicht davon abhalten, Ehen zu schließen? Dass trotzdem weiter Geschichten geschrieben und verfilmt werden, in denen am Ende Jack sein Leben für Rose opfert, Arwen ihre Unsterblichkeit für Aragorn aufgibt, Rachel doch noch zu Ross zurückkehrt? Und dass diese Filme und Serien zu den erfolgreichsten zählen?! Egal, wie aussichtslos die wahre Liebe erscheint, wir wollen diesen Traum einfach nicht aufgeben.

Und genau so geht es Gott auch.

Gottes Versprechen

Als Jesus auf der Erde lebte, war die Lage ganz ähnlich wie heute. Auch damals gab es Scheidungen, Untreue, Verletzungen, Hass.

Doch Jesus hatte von seinem Vater einen Auftrag erhalten. Er sollte den Menschen die Frohe Botschaft, das Evangelium, überbringen, sie an Gottes Versprechen einer besseren Welt, einer vollkommenen Welt, erinnern, das nun endlich in Erfüllung gehen sollte.

Eine Welt, das sogenannte Reich Gottes, in der die Menschen in Harmonie untereinander, in Verbundenheit mit Gott und im Einklang mit der Natur leben. Eine Welt, in der niemand zu kurz kommt, in der jeder geliebt ist, in der es jedem gut geht. Eine Welt, in der es die wahre Liebe wirklich gibt.

Klingt im ersten Moment auch unfassbar kitschig, oder? Aber vielleicht auch genau nach dem, wonach wir uns so sehnen … Selbst wenn du es nicht so mit der Romantik und der wahren Liebe hast, wer träumt nicht von einem Leben ohne Leid, einer Welt in Frieden, einem Klima ohne Krise.

Auch für die Menschen damals stand diese Botschaft im krassen Kontrast zu ihrer Lebenswirklichkeit. Schließlich sah die Realität vollkommen anders aus. Unterdrückung durch die römischen Besatzer, Armut und unheilbare Krankheiten prägten das tägliche Leben. Doch irgendetwas an den Worten von Jesus faszinierte die Menschen. Irgendetwas machte ihn glaubwürdig. In der Bibel heißt es: »Sie waren von seiner Lehre überwältigt, denn er sprach – anders als die Schriftgelehrten – mit Vollmacht.«[41]

Auf einmal trat einer auf, der sie an einen Traum erinnerte, der schon so lange in ihren Herzen darauf wartete, erfüllt zu werden. Ein Traum von einer gerechten Welt, die ihnen schon vor langer Zeit von ihren Propheten versprochen worden war. Ein Traum, der bei einigen bereits unter vielen Enttäuschungen und Verletzungen verschütt gegangen war.

Als Jesus nach Nazareth kam, wo er seine Kindheit verbracht hatte, ging er wie gewohnt am Sabbat in die Synagoge. Man reichte ihm die Schriftrolle des Propheten Jesaja, und als er sie aufrollte, fand er die Stelle, an der dieser Traum – Gottes Versprechen – beschrieben wird. Jesus las daraus seinen Zuhörern vor.

Der Geist Gottes, des Herrn, ruht auf mir, denn der Herr hat mich gesalbt, um den Armen eine gute Botschaft zu verkünden. Er hat mich gesandt, um die zu heilen, die ein gebrochenes Herz haben, und zu verkündigen, dass die Gefangenen freigelassen und die Gefesselten befreit werden.
Jesaja 61,1

700 lange, beschwerliche Jahre waren vergangen, seit Jesaja als Prophet aufgetreten war und diese Worte sagte. Jetzt hörten die Menschen sie direkt von Jesus. Wie erging es ihnen dabei? War da nicht einfach nur eine große Wehmut in ihren Herzen, weil die Worte in einem so krassen Gegensatz zu ihrer Realität standen?

Und was macht Jesus? Sieht er den Schmerz, vielleicht auch die Bitterkeit in ihren Augen? »Er rollte die Schriftrolle zusammen, gab sie dem Synagogendiener zurück und setzte sich. Alle in der Synagoge sahen ihn an. Und er sagte: ‚Heute ist dieses Wort vor euren Augen und Ohren Wirklichkeit geworden!'«[42]

Wie bitte?! Jetzt, mit Jesus, soll diese neue Welt, das Reich Gottes, anbrechen? Dieser Jesus will die Menschen heilen, denen es nicht gut geht, die ein gebrochenes Herz haben? Er wird die befreien, die viel zu lange schon gefangen gehalten oder versklavt werden? Und kümmert sich um die Blinden, um Menschen mit unheilbaren Krankheiten? Jesus will sie endlich von den römischen Besatzern, die sie unterdrücken, retten?

Wer ist dieser Mann?

Messias oder Hochstapler?

Was Jesus da sagte, war für die Juden damals verständlicherweise ein ziemlicher Schock. Die einen konnten es nicht fassen, dass endlich der versprochene Retter, der Messias, gekommen war, den sie sehnlichst erwartet hatten.

Die anderen waren Jesus gegenüber grundsätzlich skeptisch. Schließlich behauptete er mit seinen Aussagen, Gottes Sohn zu sein – für jüdische Gelehrte klare Gotteslästerung (einer der Gründe, warum Jesus später zum Tod verurteilt wurde).

Und das war noch nicht alles. Was Jesus den Menschen über das Leben in dieser neuen Welt erzählte, war mehr als revolutionär. »Viele, die jetzt die Ersten sind, werden die Letzten sein, und die, die jetzt die Letzten sind, werden dann die Ersten sein.«[43]

Jesus stellte ein Reich vor, in dem die geltenden gesellschaftlichen Regeln auf den Kopf gestellt werden sollten. Ein Reich, in dem die Menschen zu einem Handeln nach komplett neuen Maßstäben aufgerufen sind. »Ihr habt gehört, dass es im Gesetz von Mose heißt: Liebe deinen Nächsten und hasse deinen Feind. Ich aber sage: Liebt eure Feinde! Betet für die, die euch verfolgen!«[44]

Mit diesem unerhörten Anspruch hatte wohl niemand gerechnet. Schon gar nicht die strenggläubigen Juden. Sie kannten schließlich die Gesetze, die Gott durch Mose dem jüdischen Volk gegeben hatte. Und Jesus schoss mit seiner Lehre in ihren Augen weit über das Ziel hinaus. »Ihr habt gehört, dass gesagt worden ist: Auge für Auge und Zahn für Zahn. Ich aber sage euch: Leistet dem, der euch etwas Böses antut, keinen Widerstand, sondern wenn dich einer auf die rechte Wange schlägt, dann halt ihm auch die andere hin!«[45]

Wie um alles in der Welt soll man diesen Ansprüchen gerecht werden? Ziemlich utopisch! Aber wäre das – wenn es denn tatsächlich möglich wäre, so zu handeln – am Ende nicht genau das Leben, nach dem wir uns sehnen? Raus aus dem ewigen Teufelskreis von »Wie du mir, so ich dir« oder »Was springt für mich dabei raus«.

Jesus traute den Menschen offensichtlich mehr zu als sie sich selbst.

Schon erstaunlich, dass Jesus den Menschen offensichtlich ein bisschen mehr zutraute als sie sich selbst. Oder war dir bewusst, dass es in den Augen von Jesus keinen Unterschied zwischen der Liebe Gottes und der Liebe gibt, zu der wir Menschen berufen sind? Es gibt nicht zwei verschiedene Arten von Liebe: die etwas menschlichere und die etwas göttlichere. »Wie die Liebe eures Vaters im Himmel, so soll auch eure Liebe sein: vollkommen und ungeteilt«, predigte Jesus einmal.[46]

Es gibt nicht wenige, die die Lehre von Jesus hörten und sich dann lieber doch dazu entschlossen, den Traum aufzugeben, weil sie spürten, dass sie diese Ansprüche überfordern würden. Ein Beispiel findest du im Kapitel *Die Checkliste*. Andere legten sich regelrecht mit Jesus an.

Die Gesetzeslehrer stellten Jesus immer wieder auf die Probe, ob er überhaupt selbst seinen extremen Forderungen gerecht werden konnte. So kam es zu der Szene mit der »Ehebrecherin«. Aus dieser Begegnung kennen wir den berühmten Ausdruck »den ersten Stein werfen«.

Was war passiert? Eine Frau, die beim Ehebruch ertappt worden war, wurde vor die geistliche Elite geführt. Die Schriftgelehrten sollten Recht sprechen. Ehebruch war im Gesetz der Juden ein Vergehen, das mit Steinigung geahndet wurde. Ein gefundenes Fressen für die Schriftgelehrten – sie nahmen sich vor, Jesus auf die Probe zu stellen. Wie würde er reagieren, wenn sie ihn mit dem Gesetz und dieser Frau konfrontieren würden?

Zuerst sagte Jesus lange nichts und dann nur diesen einen Satz, der es in sich hat: »Wer von euch ohne Sünde ist, der soll den ersten Stein auf sie werfen!«[47]

Wie wird der Traum wahr?

Viele Menschen werden auf der Suche nach dieser besseren Welt, oder dem Versuch, die Welt zu einem besseren Ort zu machen, sehr unbarmherzig. Und dabei erleben wir auch heute, wie Menschen mit einer tiefen Sehnsucht nach einer besseren Welt oft genau das Gegenteil bewirken.

In seinem Podcast *Lanz & Precht* beschreibt es der Philosoph Richard David Precht einmal mit den Worten: »In der heutigen Zeit gibt es eine krassere Moral als im Katholizismus. Jeder beobachtet jeden. Ein Fehler, und du bist raus. Und: Es gibt keine Vergebung.« Das klingt so, als würden wir noch immer mit Steinen auf andere werfen.

In der Gesellschaft herrscht mittlerweile oft eine Moral, die eigentlich das Gute für die Menschen sucht, gleichzeitig aber völlig unmenschlich ist. Besonders sichtbar zum Beispiel in der *Cancel Culture*[m], die Precht anspricht.

Oder kennst du die ständigen Schuldgefühle beim Einkaufen, wenn die heiß geliebte Mango eben leider aus dem fernen Pakistan importiert

---

m) Dieser Begriff beschreibt das Phänomen, wenn eine Person oder Organisation nicht nur verurteilt, sondern komplett aus der Öffentlichkeit verbannt wird, weil sie dem aktuell vorherrschenden Wertesystem widerspricht.

wurde und der Fairtrade-Kaffee dein monatliches Budget übersteigt? Es entstehen sogar neue Begriffe wie »Flugscham« oder »Zugstolz«.

Wir versuchen, für mehr Toleranz zu kämpfen, und werden dabei selbst intoleranter. Suchen Gleichberechtigung und schaffen Ungerechtigkeit. Und wir spüren, trotz aller Freiheiten, die sich die moderne Gesellschaft errungen hat, eine Enge und Schwere.

Auf der einen Seite wünschen wir uns diese bessere Welt so sehr. Auf der anderen Seite wird dieser Traum immer mehr zur Belastung. Es gibt einen enormen Druck, bloß keine Fehler machen zu dürfen – für Schuldgefühle braucht es heute nicht einmal mehr die Kirche. Und es gibt eine enorme Hilflosigkeit, die großen Probleme wirklich lösen zu können. Wir stoßen an unsere Grenzen. Und gleichzeitig erleben wir so selten selbst diese Liebe, nach der wir uns eigentlich sehnen.

Wir versuchen, für mehr Toleranz zu kämpfen, und werden dabei selbst intoleranter.

Eines Tages merken wir, dass wir es nicht aus eigener Kraft schaffen. Und das ist erst einmal eine ziemlich bittere Erkenntnis.

Die gute Nachricht

Jesus will mit seiner Botschaft nicht Salz in unsere Wunden streuen. Nach dem Motto: »Schaut euch an, wie schön diese Welt sein könnte, wenn ihr nur endlich anfangen würdet, euch richtig zu verhalten. Liebt einander, wie ich euch geliebt habe. Wie schwer kann denn das sein?!«

Gott kennt die Angst der Menschen, zu kurz zu kommen. Die ein gebrochenes Herz haben, weil sie nie um ihrer selbst willen geliebt worden sind.

Er weiß um die, die gefangen darin sind, was andere über sie denken. Die sich schämen, weil sie immer wieder an den Idealen der besseren Welt scheitern.

Und er sieht die Menschen, die für die Nöte der Welt blind geworden sind, weil diese sie einfach überfordern.

Er sieht die Unterdrückten, die sich täglich abmühen, den Idealen gerecht zu werden. Denn sie glauben, nur so Liebe zu verdienen.

Gott weiß, dass die Menschen mehr als Ideale und Gesetze brauchen, um mit ihm den Traum der vollkommenen Welt wahr werden zu lassen. Sie brauchen einen, der ihnen dabei hilft. Einen, der sie erlöst.

Der Geist des Herrn ruht auf mir, denn er hat mich gesalbt, um den Armen die gute Botschaft zu verkünden. Er hat mich gesandt, um die zu heilen, die ein gebrochenes Herz *haben,* Gefangenen *zu verkünden, dass sie freigelassen werden,* Blinden, *dass sie sehen werden,* Unterdrückten, *dass sie befreit werden und dass die Zeit der Gnade des Herrn gekommen ist.*

– Jesus

Oder wie es der Jünger Johannes später in einem Brief zusammenfasste:»Und das ist die wahre Liebe: Nicht wir haben Gott geliebt, sondern er hat uns zuerst geliebt und hat seinen Sohn gesandt, damit er uns von unserer Schuld befreit.«[48]

GRÜNDONNERSTAG
Der Diener

Wer ist der Größte?

Eine lange Tafel, auf der Tischdecke liegen Brote, halb ausgetrunkene Weingläser stehen herum. Links hebt einer abwehrend die Hände. Am rechten Tischende wird etwas ausdiskutiert. Worum es wohl geht? Jesus sitzt in der Mitte. Gerade hat er seinen Freunden erklärt, dass einer aus der Gruppe ihn verraten wird. Von Blutvergießen und Ausgeliefertwerden war die Rede. Alle sind aufgebracht. Wer würde so etwas machen? Wer ist der Verräter? Bin ich es am Ende selbst?

Das letzte Abendmahl von Leonardo da Vinci ist als eines der berühmtesten Wandgemälde in die Kunstgeschichte eingegangen. Es illustriert sehr lebhaft das letzte gemeinsame Abendessen von Jesus und seinen Freunden, die mittlerweile schon drei Jahre zusammen unterwegs sind.

Es ist ein besonderes Festmahl. Allein deshalb, weil gemeinsam Passah gefeiert wird – das große jüdische Fest der Befreiung. Aber da ist noch etwas anderes, etwas liegt in der Luft. Zwar ahnt niemand am Tisch, wie heftig die kommenden 24 Stunden werden. Doch sie spüren: Die ganze Situation scheint sich zuzuspitzen!

Vor wenigen Tagen der triumphale Moment, als Jesus in Jerusalem von jubelnden Fans mit Palmzweigen begrüßt wurde. Und davor der ganze Rummel rund um die Totenauferweckung ihres Freundes Lazarus, was wiederum die religiöse Führung erzürnt hatte. Und dann sind da die immer häufigeren Ankündigungen von Jesus, dass er bald sterben wird. Sogar sterben muss. Aber so richtig angekommen ist die Information bei seinen Freunden noch nicht. Die Idee ist zu abwegig. Das kann eigentlich nicht sein. Ihr Freund, ihr großes Vorbild, mit dem sie so lange unterwegs waren … Auch bei diesem Abendessen spricht er schon wieder über seinen kommenden Tod. Wann immer er mit dem Thema anfängt, trauen sie sich nicht nachzufragen. Stattdessen fangen sie eine ihrer geliebten Diskussionen an. Die Frage ist mal wieder: Wer ist der Größte? Wer ist der Wichtigste? Wer hat eigentlich am meisten erreicht?

Dieser Wunsch, nicht nur ein Irgendjemand zu sein, war wohl schon damals wichtig. Die grandiose Vorstellung, es eines Tages an die Spitze zu schaffen. Das Leben unter Kontrolle zu haben. Erfolgreich zu sein. Dafür muss man hart arbeiten. Die Ellenbogen ausfahren. Am Ende kämpft eben doch jeder für sich selbst. Jeder ist sich selbst der Nächste. So sagt man zumindest.

Überhaupt: Wenn ich mich selbst zurücknehmen würde, wo käme ich damit hin? Wenn ich nicht erfolgreich bin, wer bin ich dann überhaupt noch? Wenn ich für einen anderen vielleicht sogar mehr tue als für mich selbst, kann ich doch nur verlieren. Und ganz leise kommt dieses Gefühl auf, diese nagende Angst, selbst leer auszugehen. Ganz leise meldet sich dann unser armes, kaputtes Herz.

Die größte Liebe

In den vergangenen drei Jahren hat Jesus so oft über genau dieses Thema gesprochen, hat den Menschen erklärt, dass es in Gottes Welt genau andersrum funktioniert: »Wenn jemand der Erste sein will, muss er den letzten Platz einnehmen und allen dienen.«[49]

Doch keiner seiner Anhänger hat das so richtig begriffen. Für die Jünger klingt das alles wie verkehrte Welt. Heute aber wird Jesus es ihnen nicht mit Worten sagen, sondern er wird selbst das eindrückliche Beispiel dafür sein, was es bedeutet, wenn der Erste allen dient. Jesus beginnt damit kurz vor da Vincis ausgelassener Abendmahlszene:

Nach einem langen Tag in der Stadt kommt die Gruppe mit staubigen Füßen zu ihrer Unterkunft. Jesus hatte ein paar von seinen Freunden vorausgeschickt, dass sie den Raum für die Feier vorbereiten. Als alle da sind, füllt Jesus Wasser in eine Schüssel und fängt an, ihre Füße zu waschen. Ihre dreckigen und verschwitzten Füße. Die Reaktionen waren nicht verwunderlich: »Du sollst mir niemals die Füße waschen!«, protestiert Petrus.[50]

Noch einmal überrascht Jesus. Er verhält sich so anders, als man erwarten könnte. Eine Schüssel Wasser bereitstellen, das wäre schon gastfreundlich gewesen. Die Geschichte wird in der Bibel mit großen Worten eingeleitet: »Nun bewies er seinen Jüngern das ganze Ausmaß seiner Liebe.«[51]

Für Jesus ist klar: Bei ihm gilt nicht das Recht des Stärkeren. Er dient ihnen gerne. Er fordert keine Gegenleistung für sich. Er kommt nicht zu kurz. Mit dem Füßewaschen beweist er seine Liebe.

Als er fertig ist, fragt er seine Freunde, ob sie verstanden haben, was er gerade gemacht hat. Er ist ihr Meister, sie folgen ihm nach. Er, ihr Chef, wäscht ihnen die Füße. So ganz verstanden haben sie das natürlich auch nicht.

Zum Schluss erklärt er es ihnen. »Ich habe euch ein Beispiel gegeben, dem ihr folgen sollt«, sagt er. »Tut, was ich für euch getan habe.«[52]

Aber dann geht Jesus noch weiter: Nach dem gemeinsamen Essen fordert er seine Freunde auf, einander nicht nur zu dienen. Sie sollen sich untereinander so lieben, wie er sie liebt.[53] (Und wie wir Jesus bisher kennengelernt haben, ist das gar nicht ohne!)

Wie weit diese Liebe bei ihm reicht, wird er ihnen in den kommenden Stunden zeigen. Es wird eine Antwort darauf sein, warum er in letzter Zeit so oft von seinem Sterben ge-

Vielleicht hast du dich schon daran gewöhnt, was nun kommt. Jesus aber hat es alles gekostet.

sprochen hat. »Die größte Liebe beweist der, der sein Leben für die Freunde hingibt.«[54]

Vielleicht kennst du die biblische Ostergeschichte schon gut und weißt, was jetzt kommen wird. Vielleicht hast du dich ein Stück weit daran gewöhnt und es ist fast schon normal geworden, was jetzt vor Jesus liegt, was er tun wird. Aber das, was jetzt kommt, kostet Jesus alles.

»Dein Wille, nicht meiner!«

Nach dem Essen geht Jesus mit seinen Jüngern ins Freie, zu einem Olivenhain in der Nähe. Dort erleben wir ihn in einer Verfassung, die wir nirgends sonst sehen: Schreckliche Furcht und Angst ergriff ihn und er sagte zu ihnen: »Meine Seele ist zu Tode betrübt. Bleibt hier und wacht mit mir.« Er ging ein Stück weiter und warf sich auf den Boden. Dann betete er darum, dass das Schreckliche, das ihn erwartete, wenn es möglich wäre, an ihm vorübergehe.«[55]

Erinnerst du dich an den Jesus, der mitten im Sturm schlief und danach den Sturm bedrohte und die Jünger fragte: »Warum habt ihr solche Angst?«[n]

Jesus hat keine Angst vor Starksturm und todbringenden Wellen, kein bisschen. Doch an diesem Abend bricht die Angst über Jesus herein. Nein, er geht nicht mal nur noch kurz die Welt retten! Er zittert, wirft sich zu Boden, kämpft mit der nackten Angst, so sehr, dass sein Schweiß wie Blut auf die Erde tropft.[56] Und er betet zu Gott um einen Ausweg: Gibt es wirklich keinen leichteren Weg, keine andere Lösung?

»Das ist kein Jesus mit Heiligenschein und gefalteten Händen. Jesus auf der Bühne der Angst. Er trägt nicht den Purpur der Göttlichkeit, sondern den Mantel der Menschlichkeit.«[57] Es war der Tief-

---

n) Schau dir dazu auch gern noch mal das Kapitel *Der Lehrer* an oder lies die Geschichte in Matthäus 8,23-26 nach.

punkt seines Lebens. »Abba, Vater«, sagt er, »dir ist alles möglich. Lass diesen Leidenskelch an mir vorübergehen. Doch dein Wille geschehe, nicht meiner.«[58]

Jesus betet das mehrmals. Er ist zutiefst verzweifelt, wenn er dem kommenden Leiden entgegensieht.

Was für eine beunruhigende und quälende Szene. Jesus so zittern und bangen zu sehen. Man kann sich wirklich fragen: Warum schauen wir uns das an? Warum war es den Schreibern so wichtig, diese Seite von Jesus zu zeigen? Diese Schwachheit von ihm zu betonen. Wer sieht seinen Messias, seinen Retter, gerne vor Angst zittern? Niemand! »Es wirkt Wunder für unser eigenes Leiden, wenn wir Jesus im Garten Gethsemane betrachten. Nie war Gott mehr Mensch als in jener Stunde. Nie war er uns näher als damals, als er litt.«[59]

Wie schrecklich und wie wunderbar zugleich. Diesem Jesus ist keine Dunkelheit, keine Angst fremd. Wenn wir am Tiefpunkt unseres Lebens sind, wenn wir verzweifeln, wenn wir vor Angst zittern, wenn wir Blut und Wasser schwitzen, wenn wir uns einfach nur einen Ausweg wünschen: Dann können wir uns sicher sein, dass Jesus mit uns mitleidet, dass er uns wirklich versteht, weil er diese Qualen selbst durchlitten hat.

An jenem denkwürdigen Abend hätte Jesus am liebsten hingeschmissen, aufgegeben, das Unerträgliche vermieden. Und doch vertraute er auch da, wo alles in ihm Nein schrie, seinem himmlischen Vater. Er wusste, dass er in jenem Moment seinem eigenen Willen, seinem Verlangen, nicht trauen konnte, deswegen sagte er: »Dein Wille geschehe, nicht meiner.«

Jesus gab die Kontrolle über sein Leben ganz aus der Hand, um seinem himmlischen Vater und den Menschen über alle Maßen zu dienen. Es war ihm bewusst, dass er seinen Fuß auf die Erde gesetzt hatte, um die Welt zu retten. Deswegen rettete er auch jetzt nicht seine eigene Haut. Er durchbrach das altbekannte Muster, dass sich jeder selbst der Nächste ist, um die Menschen von der Angst zu erlösen, leer auszugehen. Jesus durchbrach den Teufelskreis der einsamen Einzelkämpfer mit den kaputten Herzen ein für alle Mal.

Er machte den Anfang: »Denn auch der Menschensohn ist nicht gekommen, um sich bedienen zu lassen. Er kam, um zu dienen und sein Leben als Lösegeld hinzugeben, damit viele Menschen aus der Gewalt des Bösen befreit werden.«[60]

KARFREITAG
Kein normaler Freitag

Karfreitag. Einer der höchsten christlichen Feiertage im Jahr. Wie sieht er bei dir normalerweise aus? Vielleicht ist dir heute Morgen siedend heiß eingefallen, dass ja die Geschäfte zuhaben und du noch hättest einkaufen sollen? Wahrscheinlich steht heute eher Lachs, Scholle oder Rollmops anstatt wie üblich Braten, Steak oder Mett-Igel auf dem Speiseplan für das familiäre Mittagessen. Möglicherweise ärgerst du dich, weil du heute Abend eigentlich gerne mit Freunden im neuen Klub der Stadt tanzen gehen würdest. Oder vielleicht steht auch einer der vielen Gottesdienste auf dem Plan, die um 15 Uhr überall in Deutschland starten? Oder du nimmst an einer Karfreitagsprozession teil oder besuchst ein Passionsspiel in deiner Nähe. Irgendwie ist aber alles etwas ruhiger oder es fühlt sich zumindest so an, als müsste es so sein.

Karfreitag. Der stille Feiertag, der im Zeichen der Trauer steht. Das altdeutsche Wort *kara* bedeutet schließlich auch nicht mehr und nicht weniger als Kummer oder Trauer. Es ist der Tod von Jesus am Kreuz, an den sich Christinnen und Christen erinnern. Deswegen gibt es auch in jeder Kirche Kreuze. An vielen ist Jesus zu sehen, wie er leidend den Kopf leicht zur Seite dreht. Für manche sind diese Darstellungen von Jesus am Kreuz zu kitschig, für andere sogar gruselig. Aber irgendwie sind sie doch ein normales Bild, das einfach dazugehört. Wir haben uns daran gewöhnt: an Karfreitag, die entsprechenden Bräuche und an Jesus, der da am Kreuz stirbt. Alles ganz normal.

Aber eigentlich war dieser Tag damals alles andere als normal. Gerade saß Jesus noch mit seinen Freunden gesellig beim Essen zusammen. Er kündigte wieder mal seinen Tod an. Und wieder mal verdrängten das die Jünger. Aber jetzt ging es plötzlich ganz schnell. Noch in derselben Nacht im Garten Gethsemane wird Jesus von den jüdischen Befehlshabern verhaftet und dann überschlagen sich die Ereignisse. Erstes Verhör: der Hohe Rat der Juden. Sie fragen ihn aus. Gotteslästerung ist die Anklage. Er schweigt. Sie provozieren ihn. Er bleibt ruhig. Sie befinden ihn für schuldig. Wie kann er nur behaupten, er wäre der Sohn Gottes? Anmaßend! Unerhört! Sie schlagen ihn. Nächster Morgen, zweites Verhör: Pontius Pilatus. Der römische Statthalter, der Machthaber. Nur er kann das Todesurteil verhängen. Das fordert der Hohe Rat. Unnachgiebig. Pilatus sieht es anders, ihm fehlen die Beweise. Die Menge tobt. Sie wollen Blut sehen. Und Jesus? Immer noch ruhig. Pilatus befindet ihn für unschuldig. Der blutrünstige Mob schreit auf, kennt kein Erbarmen. »Kreuzige ihn!« Pilatus fällt das Urteil. Tod am Kreuz. Sofort. Jetzt.

Sie zogen ihn aus und legten ihm ein purpurrotes Gewand an. Dann machten sie eine Krone aus langen, spitzen Dornen, setzten sie ihm auf den Kopf und gaben ihm einen Stock in die rechte Hand als Zepter. Daraufhin knieten sie vor ihm nieder, verhöhnten ihn und grölten: »Sei gegrüßt, König der Juden!« Und sie spuckten ihn an, nahmen ihm den Stock weg und schlugen ihn damit auf den Kopf.
Matthäus 27,28-30

Was für eine Brutalität! Ja, die Römer waren echte Spezialisten im Foltern. Wir ersparen dir an dieser Stelle weitere Details der schrecklichen Szenen und der Schmerzen, die Jesus dabei erleiden musste, weil wir es auch selbst schwer ertragen können.

Kaum zu fassen, wie schnell Jesus vom gefeierten Star zum verachteten Schwerverbrecher werden konnte. Für die Nachfolgerinnen und Nachfolger von Jesus war es ein Schock. Alle Hoffnungen, die sie in ihn gesetzt hatten, zunichtegemacht. Nichts mehr normal. Sollte

Jesus nicht derjenige sein, der sie von den Römern befreit? Endlich dieser Besatzung ein Ende bereitet? Und was war mit dem Reich Gottes, von dem er immer gesprochen hatte? Oder war er am Ende doch nicht der versprochene Retter, der alles neu macht? Hatten sie das etwa alles so falsch verstanden?

Anscheinend. Gerade folgten sie noch stolz einem Revolutionär. Und jetzt mussten sie aus demselben Grund um ihr eigenes Leben fürchten. Kein Wunder also, dass sie sich alle schnellstmöglich irgendwohin verzogen, um sich zu verstecken. Ja, selbst Petrus, der vorher Jesus noch hoch und heilig versprochen hatte, ihn nie zu verlassen.[61]

Für die Nachfolger von Jesus war es ein Schock. Sollte er nicht ihr Befreier sein?

Für die jüdischen Schriftgelehrten war es der langersehnte Erfolg. So lange hatten sie gegrübelt, wie sie diesen Jesus loswerden könnten. Dieser Mann, der nicht nur falsche Überzeugungen im Volk verbreitete und größenwahnsinnige Behauptungen aufstellte. Nein, er stellte ihre gesamte Normalität infrage. Und das ging zu weit! Endlich hatten sie es geschafft, ihn dranzukriegen. In einem rekordverdächtig kurzen Prozess entledigte man sich so des Hochstaplers, des Gotteslästerers und Aufrührers. Das war alles andere als normal!

Nur für einen war es tatsächlich ein ganz normaler Nachmittag: für den römischen Hauptmann, der sicherlich schon Hunderte solcher Kreuzigungen beaufsichtigt und durchgeführt hatte. Und wahrscheinlich ist er auch einer der wenigen, den die grausamen Details der Kreuzigung kaltlassen. Für ihn ist es Alltag, *business as usual* sozusagen. Keine große Sache. Nur ein Idiot mehr, den man zum Zweck der Abschreckung kreuzigt. Wenn es dazu beitragen kann, dass hier in dieser Provinz Ruhe herrscht, dass alles seinen normalen Gang geht, dann bitte.

Das Maximum an Liebe

Aber was macht eigentlich Jesus, die Hauptperson des Geschehens? Nachdem er all die Anschuldigungen und Vorwürfe stillschweigend ertragen und die Peitschenhiebe und Demütigungen über sich hat ergehen lassen, hängt er am Kreuz – blutüberströmt und nackt. »Da erwarten wir doch Vergeltung! Schick doch ein paar deiner Nachfolger los, damit sie dich rächen. Oder verteidige dich wenigstens selbst! Wehr dich doch gegen die ganze Ungerechtigkeit.« Das wäre doch die normale Reaktion, oder? Aber nichts von alldem.

Während er Todesqualen erleidet und seine Lungen verzweifelt versuchen, sich mit ausreichend Sauerstoff zu füllen – da sieht er seine Mutter, Maria, vor dem Kreuz stehen. Er sieht sie und er nimmt sie wahr. Wie sie da steht und wie sie leidet. Wie das Mutterherz weint. Und trotz seiner Qualen sieht er ihre Situation. Wer wird für sie da sein, wenn er tot ist? Wer kümmert sich um sie, damit sie versorgt ist? Neben ihr steht Johannes, der einzige seiner Nachfolger, der nicht weggelaufen war. »Als Jesus seine Mutter dort neben dem Jünger stehen sah, den er lieb hatte, sagte er zu ihr: ‚Frau, das ist jetzt dein Sohn.‘ Und zu dem Jünger sagte er: ‚Das ist nun deine Mutter.‘ Von da an nahm der Jünger sie zu sich in sein Haus.«62

Wie krass, dass Jesus das noch kann! An die anderen denken, seine Lieben im Blick haben, und das in seiner dunkelsten Stunde. Mitten in furchtbaren Schmerzen, kurz vor seinem Tod.

Wie Jesus sich für seine herzlosen Peiniger einsetzt, das ist einfach außergewöhnlich unnormal!

Doch sie sind nicht alleine hier. Neugierige tummeln sich mit einigem Abstand um das Kreuz, das von römischen Soldaten bewacht wird.

»So, Job erledigt. Kreuz aufgestellt. Verbrecher hängt. Jetzt nur noch abwarten, bis es vorbei ist. Kann sich ja nur noch um Tage handeln, bis dem die Luft ausgeht.« – So oder so ähnlich haben die römischen Soldaten vielleicht gedacht, nachdem sie Jesus ans Kreuz genagelt hatten. Und dann fangen sie an, um seine Kleidung zu spielen. Der braucht sie ja schließlich nicht mehr. Ganz schön makaber, respektlos irgendwie.

Und den religiösen Führern und herumstehenden Menschen fällt auch nichts Besseres ein, als Jesus noch zu verhöhnen. »Befrei dich doch selbst, allen anderen hast du doch auch geholfen! Komm doch runter vom Kreuz, wenn du kannst! Als Sohn Gottes sollte das doch kein Problem für dich sein.« Als hätten all die körperlichen Schmerzen nicht schon gereicht. War es noch nicht genug, dass er da am Kreuz hing, dass er zum Tode verurteilt worden war? Wie bösartig ist es denn, sich noch über einen Sterbenden lustig zu machen.

Und Jesus? Jesus sagte: »Vater, vergib diesen Menschen, denn sie wissen nicht, was sie tun.«[63]

Jesus schaut sie an. Wie sie da stehen und lachen. Und er sieht nicht die sensationsgierige, gaffende Menge. Er sieht nicht den Hass in ihren Gesichtern, sondern Hilflosigkeit und Verwirrung. Er sieht Menschen, die nicht wissen, was sie da eigentlich tun. Wie Jesus sich für seine herzlosen Peiniger einsetzt, das ist einfach nicht normal und kaum zu begreifen. Das ist außergewöhnlich unnormal!

Jesus reagiert auf das Maximum an Verachtung mit dem Maximum an Liebe!

Es ist vollbracht!

Seine Freundinnen, seine Freunde waren überzeugt: Liebe hin oder her; es ist vorbei. Alles umsonst. Erwartungen nicht erfüllt, Träume zerplatzt.

Der römische Hauptmann, er hatte seinen Auftrag ausgeführt. Geschafft. Abgehakt. Der Nächste bitte.

Und die jüdischen Führer waren erleichtert: »Endlich wieder Ruhe. Wir haben gewonnen!«

Aber ist das tatsächlich so? Hatte Jesus tatsächlich verloren? Als am Kreuz seine letzten Kräfte schwinden, sagte er: »Es ist vollbracht!« Dann neigte er den Kopf und starb.[64]

Es ist vollbracht! Das ist kein Eingeständnis einer Niederlage. Das ist weder ein normaler noch ein verzweifelter Ausruf eines Sterbenden, sondern hier erklärt der Sohn Gottes, dass er alles getan hat, was der Vater ihm aufgetragen hatte. Das, wofür er auf die Welt gekommen war, ist vollkommen ausgeführt worden.

Im griechischen Originaltext der Bibel steht an dieser Stelle nur ein Wort: *tetelestai.* Hatte ein Diener einen Job erledigt und kam zurück zu seinem Herrn, teilte er ihm mit: »Tetelestai!« Die Aufgabe ist erledigt!

Auch ein Künstler, der sein Werk nach getaner Arbeit anschaute, ging einen Schritt zurück und sagte stolz: »Tetelestai!« Das Kunstwerk ist vollendet!

Wenn ein Händler gerade seine Rechnung beglichen hatte, dann schrieb er mit großen Buchstaben darunter: »Tetelestai!« Der Preis ist bezahlt! Übrigens: Manchmal wurde das auch nur mit dem griechischen Buchstaben *tau* abgekürzt, was wie unser t und damit wie ein Kreuz aussieht.[65]

Genau das alles meinte Jesus, als er am Kreuz sagte: »Tetelestai! Es ist vollbracht!«

Alles, worauf er hingearbeitet hatte, was er gepredigt und getan hatte, jede seiner Facetten, alle Ankündigungen – all das wurde am Kreuz vollendet, erledigt. Aus Liebe zu seinen Freunden. Das ist die Botschaft des Kreuzes und des Todes von Jesus.

Und als die gehässigen Stimmen langsam verstummten, weil derjenige, der es hören sollte, schon nicht mehr am Leben war und sie sich alle nach und nach vom Ort des Geschehens entfernten, stand noch jemand beim Kreuz: »Der römische Hauptmann, der dem Kreuz gegenüberstand und mit angesehen hatte, wie Jesus gestorben war, rief aus: ‚Ja, dieser Mann war wirklich Gottes Sohn!'«[66]

Der Hauptmann hatte einen normalen Nachmittag erwartet. Aber das war kein normaler Nachmittag, das war keine normale Kreuzigung, kein normaler Mensch, der da starb. **Der Hauptmann hatte das in diesem Moment für sich erkannt.** Er wurde ergriffen von dieser außergewöhnlichen Liebe von Jesus.

Wenn du das nächste Mal ein Kreuz siehst – vielleicht schon heute Nachmittag im Karfreitagsgottesdienst oder auch erst bei der nächsten Wanderung auf dem Gipfel eines Berges –, dann erscheint es dir vielleicht nicht nur einfach kitschig oder gruselig. Vielleicht geht es dir wie dem Hauptmann und du erinnerst dich an diese außergewöhnliche Liebe, die Jesus an diesem Kreuz für seine Freunde vollbracht hat. So oder so: Wir wünschen dir keinen normalen Karfreitag!

KARSAMSTAG
Der Tod

Nichts ist endgültiger und unumkehrbarer als der Tod. Wenn man tot ist, ist man tot, und nichts geht mehr. *Rien ne va plus.* Und obwohl jeder von uns eines Tages mit diesem Thema konfrontiert sein wird, schieben wir es meistens weit, weit weg von uns. Oder wir schieben es zumindest den größten Teil unseres Lebens vor uns her.

Vielleicht bist du so wie die meisten Menschen und magst es nicht, mit dem Tod konfrontiert zu werden, und vielleicht würdest du gerne dieses Kapitel nach solch einer Einleitung einfach überspringen. Keine Sorge, wir verstehen dich! Wir Menschen mögen es einfach nicht, mit dem Tod konfrontiert zu werden, weil wir instinktiv wissen und fühlen, dass der Tod nicht so smart und sexy ist, wie es uns die Gothic-Bewegung oder manche Hollywood-Produktion glauben machen möchten.

Kennst du *Rendezvous mit Joe Black*? Ein ziemlich berührender, auch etwas kitschiger Film aus dem Jahr 1999. Darin spielt der junge Brad Pitt den Tod in einer durchaus ansehnlichen menschlichen Gestalt (Joe Black). Im Film besucht er einen Milliardär und verliebt sich in dessen attraktive Tochter – typisch Hollywood. Im Lauf des Filmes akzeptiert der todkranke Milliardär seinen eigenen Tod und es entwickelt sich darüber hinaus eine wunderschöne Liebesgeschichte zwischen der Tochter und Joe Black. Der Film zeigt aber auch, wie sehr die Tochter unter dem drohenden Verlust ihres Vaters leidet.

Und egal, wie unrealistisch und kitschig dieser Film tatsächlich ist, zeigt er uns doch eine echte und ziemlich hässliche zweite Dimension des Todes. Tod hat immer auch mit Einsamkeit zu tun, es geht nämlich nicht nur um unser eigenes Leben, sondern es geht auch darum, Menschen, die wir lieben, für immer und endgültig zu verlieren. Der Tod beschäftigt uns nicht nur im Hinblick auf unsere eigene Sterblichkeit, sondern lässt uns auch häufig einsam und allein zurück, wenn jemand stirbt, dem wir nahestanden. Und davor haben wir Menschen genauso viel Angst wie vor unserem eigenen Tod. Allein zurückzubleiben, einsam zu sein. Das schmerzt.

Und genau diesen Schmerz, diese schreckliche Dimension des Todes, fühlten die Menschen, die Jesus nachfolgten. Jesus war tot, unwiderruflich. Alles war vorbei. Nichts ging mehr. Sie hatten alles aufgegeben, um diesem einen Menschen, dieser Idee von einer neuen Welt, zu folgen. Ihren Beruf, ihre Familien, ihr soziales Umfeld, wirklich alles. Und jetzt war Jesus tot. So was von tot.

Alles vorbei

Wenn du die Geschichte von Ostern kennst, weißt du, wie es weiterging. Aber die Jünger damals hatten keine Ahnung.

Nicht nur die Tatsache, dass Jesus gestorben war, muss seine Anhänger bitterlich enttäuscht haben. Auch die Art und Weise, wie Jesus gestorben ist, hat die Menschen in ihrem bisherigen Glauben auf das Tiefste erschüttert. Sie hörten, wie Jesus unter großen Qualen am Kreuz schrie: »Mein Gott, mein Gott, warum hast du mich verlassen?« Der Sohn Gottes wurde von Gott selbst verlassen? Waren all ihre Hoffnungen und Ziele, die sie mit Jesus verbunden hatten, nur fromme Wünsche und Einbildung? Hatte sie die brutale Realität und Lebenswirklichkeit eingeholt? Sind sie nun einen Tag nach Karfreitag auf dem Boden der Tatsachen angekommen?

Der Tod von Jesus war für sie zu diesem Zeitpunkt eine unumstößliche Tatsache, die vollständige Wahrheit. Im Evangelium von Johannes wird beschrieben, wie man Jesus mit einer Lanze in die Seite stach, und es kamen Blut und Wasser heraus. Ein sicheres Zeichen dafür, dass Jesus tot sein musste. Alle sahen es: die Römer, die jüdischen Führer und die Menschen, die Jesus nachfolgten. Wasser und Blut. Kein Leben mehr. Jesus war ganz sicher tot. Jetzt war es offiziell. Sie mussten sich zügig mit den Umständen arrangieren. Es wurde eine Gruft organisiert (was ein Zeichen einer außergewöhnlichen Wertschätzung war und nur reichen Menschen in der damaligen Zeit vorbehalten war) und sie wickelten den toten Körper in Leinentücher. Nach allen Regeln der damaligen jüdischen Tradition wurde Jesus zu Grabe getragen, und wir glauben, mit diesem toten Körper wurden auch all ihre Hoffnungen, Sehnsüchte und Wünsche zu Grabe getragen.

Für die Jünger war es vorbei. Und das, obwohl Jesus seine Auferstehung am dritten Tag vorher angekündigt hatte. Vielleicht hatten sie diese Vorhersage bereits vergessen oder sie glaubten nach diesem traumatischen Ereignis der Kreuzigung und diesem »Mein Gott, mein Gott, warum hast du mich verlassen« einfach nicht mehr daran. Oder sie hatten diese Vorhersage als ein unverständliches Gleichnis abgespeichert, das man in einer gewissen Art und Weise deuten muss.

Fakt ist: In keinem biblischen Bericht ist von einer Person die Rede, die zu diesem Zeitpunkt noch Hoffnung hatte. Niemand stand auf und erinnerte die trauernden Menschen daran, dass Jesus am dritten Tag wieder auferstehen würde, dass es sich nur um einen vorübergehenden Zustand handelte und dass alles nicht so schlimm sei.

Interessant, dass ausgerechnet die größten Gegner von Jesus, der jüdische Hohe Rat, sich an diese Vorhersage der Auferstehung am dritten Tag erinnerten und Angst davor hatten, dass die Jünger den Leichnam von Jesus stehlen und so eine Auferstehung vortäuschen würden. Daher wurde das Grab von Soldaten versiegelt und bewacht. Die obersten Priester und die Pharisäer wussten, dass auch nur ein Gerücht über eine mögliche Auferstehung oder eine Andeutung, dass der Tod nicht das letzte Wort hat, gewaltige Auswirkung hätte und den Lauf der Weltgeschichte für immer verändern würde. Zumindest in diesem Punkt hatten sie recht. Aber die Menschen, die Jesus nachfolgten, hatten alle Hoffnung und allen Glauben verloren, sie spürten nur noch die absolute Endgültigkeit des Todes und diesen bitteren Schmerz der Einsamkeit.

Warum?

Viele von uns wissen vielleicht aus eigener Erfahrung, wie es ist, einen geliebten Menschen zu verlieren, und wie brutal diese Endgültigkeit sein kann. Wir kennen diese Angst vor der Absolutheit des Todes und der schmerzenden Einsamkeit. Und wir kennen diese Frage nach dem Warum. Warum lässt Gott das Leid zu? Warum musste das alles mir passieren? Warum erhört Gott meine Gebete nicht? *Mein Gott, mein Gott, warum hast du mich verlassen?*

Der Schmerz und die Bitterkeit, die in diesen Fragen liegen, prägen uns. Schmerz und Bitterkeit sind gefährlich. Ganz langsam verändern sie uns und manchmal zerbrechen sie uns.

Die meisten von uns haben irgendwann einmal (vielleicht nur als Kind) ein Gebet gesprochen, wir haben unsere Hoffnungen, Wünsche und Bitten verletzlich und vielleicht etwas naiv zu Gott gebracht … und wurden enttäuscht.

Wir alle haben unsere Schlüsse aus unerhörten Gebeten, Erfahrungen des Leides und Begegnungen mit dem Tod gezogen. Viele von uns haben (vielleicht nur als Kind bei einem unerhörten Gebet für eine gute Schulnote) in irgendeiner Art und Weise die verschiedenen Phasen der Trauer durchlaufen und bei vielen steht am Ende die Akzeptanz, dass es das war. Dass nichts mehr geht. Gebet, Glaube und Jesus sind irgendwie tot für uns. Und haben keine Relevanz mehr. Damit haben wir uns genauso abgefunden wie mit der Endgültigkeit des Todes. Am Ende steht ein Akzeptieren, dass es das war,

Wir alle haben unsere Schlüsse aus unerhörten Gebeten und Erfahrungen des Leides gezogen.

dass der Tod unumgänglich ist und wir uns am besten gar nicht näher damit weiter beschäftigen.

Genau solche Gedanken und Gefühle kamen wohl bei den Nachfolgern von Jesus auf und beherrschten diesen Karsamstag. Schmerz und Bitterkeit haben ihre guten Erfahrungen mit Jesus und ihren ganzen Glauben aufgefressen.

Hoffnung

Die Schreiber der Bibel (einige von ihnen gehören zu diesen Menschen, die die Kreuzigung und den Tod von Jesus live miterlebt hatten) hatten jedoch zu dem Zeitpunkt, als sie schließlich alle Erlebnisse rund um Jesus schriftlich festhielten, eine andere Sicht auf den Tod. Sie hatten eine Hoffnung und einen Glauben, dass der Tod nicht das letzte Wort in ihrem Leben sprechen wird. Dass der Schmerz und die Bitterkeit überwunden werden können. Im letzten Buch der Bibel wird dieser Glaube und diese Hoffnung wunderschön zum Ausdruck gebracht:»Siehe, die Wohnung Gottes ist nun bei den Menschen! Er wird bei ihnen wohnen und sie werden sein Volk sein und Gott selbst wird bei ihnen sein. Er wird alle ihre Tränen abwischen, und es wird keinen Tod und keine Trauer und kein Weinen und keinen Schmerz mehr geben. Denn die erste Welt mit ihrem ganzen Unheil ist für immer vergangen.«[67]

Es wird keinen Tod mehr geben, kein Leid und keinen Schmerz. Was für eine große Hoffnung! Diese Hoffnung kann nicht alles erklären und auflösen. Sie wird uns nicht all unsere Fragen nach dem Warum beantworten. Aber sie kann stärker sein als all die Bitterkeit und der Schmerz.

Was ist, wenn die Frage »Mein Gott, mein Gott, warum hast du mich verlassen?« nicht das Ende, sondern ein Anfang ist? Genau diese Frage ist der Anfang und nicht das Ende eines Psalms°. Dieser berührende Text wurde von König David lange Zeit vor Jesus Geburt in einer Leiderfahrung geschrieben. Er beginnt mit genau dieser Frage nach dem Warum. Aber nachdem David über mehrere Verse hinweg seinen Schmerz, seine Bitterkeit und seine Verzweiflung zum Ausdruck gebracht hat, kommt ein Wendepunkt, greift Hoffnung in seine Beschreibung des Leides ein. Es gibt ab der Mitte des Psalms einen Perspektivwechsel, der von einem Glauben und einem tiefen Vertrauen getrieben ist, dass das Leid und der Tod nicht alles sind. Dass das letzte Wort noch nicht gesprochen ist.

Was, wenn das letzte Wort in unserem Leben nicht der Tod spricht?
Was, wenn Jesus wirklich auferstanden ist?
Was, wenn Ostern wahr ist?

---

o) Das Buch der Psalmen ist eine Zusammenstellung von 150 poetischen Liedtexten innerhalb der Bibel. Diese Aussage von Jesus im Sterben steht in Psalm 22, der viele Elemente der Kreuzigung aufgreift und den Jesus am Kreuz zitiert.

OSTERSONNTAG
Das brennende Herz

»Deutschland im Endspiel der Fußballweltmeisterschaft! Das ist eine Riesensensation! Das ist ein echtes Fußball-Wunder!!«[68]

Du erinnerst dich an die Szene, die wir vergangenen Sonntag beschrieben haben: Deutschland, krasser Außenseiter der Weltmeisterschaft 1954, schafft das Undenkbare und kämpft sich bis ins Finale. Doch dann verlässt sie ihr Glück. Bereits in der achten Minute steht es 2:0 für das gegnerische Team, die Ungarn. Der Endspielgegner galt damals als weltbeste Mannschaft.[69] Und die Lage scheint für die unerfahrenen Deutschen absolut aussichtslos.

»Was wir befürchtet haben, ist eingetreten«, kommentiert der Radioreporter Herbert Zimmermann. Und wahrscheinlich gab es einige deutsche Fans, die entsetzt und mutlos vor ihren Radios saßen und nach acht Minuten beschlossen, sich diesen Fußball-Horror nicht länger anzuhören.

Das Spiel war für sie gelaufen. Ende. Aus.

Das Spiel war für sie gelaufen. Ende. Aus. Es wird vielleicht im ersten Moment etwas abwegig erscheinen, das Wunder von Bern und den 0:2-Rückstand in der achten Spielminute dem Tod von Jesus Christus gegenüberzustellen. Aber genauso abwegig wäre letztlich auch jeder andere Vergleich. Dennoch kann es uns vielleicht helfen, dieses einzigartige Ereignis besser zu verstehen.

Die Freunde von Jesus hatten damals, als sie sich Jesus angeschlossen hatten, alles stehen und liegen gelassen, ihr soziales Umfeld, ihre Arbeit, ihr Hab und Gut. Sie waren monatelang, jahrelang mit Jesus durch das Land gezogen. Alles in der Hoffnung, er sei der versprochene Retter, der Messias, der das unterdrückte Volk Israel erlösen würde.

Jesus hatte sie in die Pläne seines Vaters eingeweiht, hatte sie in allen wichtigen Fragen des Lebens gelehrt. Er hatte ihnen gezeigt, worauf es wirklich ankommt. Und sie waren begeistert von ihm, von seinen Wundern, von seiner Autorität, seiner Art, mit ihnen umzugehen. Sie brannten für Jesus und seine Botschaft vom Reich Gottes, dem Traum der besseren, ja, neuen Welt. (Wir hoffen, du konntest in den letzten drei Wochen ein wenig nachvollziehen, was die Menschen an Jesus so fasziniert hat.)

Nachdem Jesus dann gekreuzigt worden war, bedeutete das für seine Nachfolger das Aus. Das Spiel war gelaufen. Totale Niederlage. Der Traum war geplatzt. Alles, was Jesus ihnen erzählt hatte, ergab nach seinem Tod absolut keinen Sinn mehr. Er sollte doch der König dieser neuen Welt, des Reiches Gottes, sein!

Da war es nur verständlich, dass keiner von ihnen am Samstag versuchte, das, was Jesus begonnen hatte, einfach selbst in die Hand zu nehmen, seine Pläne weiterzuführen, wenigstens seine guten Lehren am Leben zu erhalten. Wie auch? Das Feuer in ihnen war erloschen.

Während manche am Sonntagmorgen noch unter Schock standen, trauerten oder sich versteckt hielten, um nicht, wie Jesus, verurteilt zu werden, verließen andere Jerusalem. Sie waren mit Jesus in die Stadt gekommen. Wozu jetzt noch bleiben? Niedergeschlagen gingen sie zurück nach Emmaus, in die alte Heimat.

Ein bisschen so wie die Deutschlandfans, die bei der Weltmeisterschaft frustriert nach acht Minuten ihre Empfangsgeräte abschalteten.

»Am gleichen Tag waren zwei Jünger von Jesus unterwegs nach Emmaus, einem Dorf, das etwa elf Kilometer von Jerusalem entfernt lag. … Plötzlich kam Jesus selbst, schloss sich ihnen an und ging mit ihnen. Aber sie wussten nicht, wer er war, weil Gott verhinderte, dass sie ihn erkannten.«

Jesus sprach die beiden Männer an, fragte, worüber sie sich unterhielten.

»Da blieben sie voller Traurigkeit stehen. Einer von ihnen, Kleopas, sagte: ‚Du bist wohl der einzige Mensch in Jerusalem, der nicht gehört hat, was sich dort in den letzten Tagen ereignet hat.‘ ‚Was waren das für Ereignisse?‘, fragte Jesus. ‚Das, was mit Jesus von Nazareth geschehen ist‘, sagten sie.«

Und sie erzählten alles, was sich rund um diesen Jesus in den letzten Tagen zugetragen hatte:

»Er war ein Prophet, der vor Gott und dem ganzen Volk erstaunliche Wunder tat und mit großer Vollmacht lehrte. Doch unsere obersten Priester und die anderen Ältesten haben ihn verhaftet, den Römern ausgeliefert und zum Tod verurteilen lassen, und er wurde gekreuzigt. Wir hatten gehofft, er sei der Christus, der Israel retten und erlösen wird. Das alles geschah vor drei Tagen. Aber heute Morgen waren einige Frauen aus unserer Gemeinschaft schon früh an seinem Grab und kamen mit einem erstaunlichen Bericht zurück. Sie sagten, sein Leichnam sei nicht mehr da und sie hätten Engel gesehen, die ihnen sagten, dass Jesus lebt! Einige von uns liefen hin, um nachzuschauen, und tatsächlich war der Leichnam von Jesus verschwunden, wie die Frauen gesagt hatten.«

Jesus, der sich bis eben noch alles geduldig angehört hatte, reagiert auf diese letzte Aussage mit den Frauen am leeren Grab ziemlich ungehalten: »Was seid ihr doch für unverständige Leute! Es fällt euch so schwer zu glauben, was die Propheten in der Schrift gesagt haben. Haben sie nicht angekündigt, dass der Christus alle diese Dinge erleiden muss, bevor er verherrlicht wird?«[70]

Was seid ihr doch für unverständige Leute! Habt ihr tatsächlich 82 Minuten vor Spielende das Radio ausgeschaltet und das Spiel für beendet erklärt? Da kamen doch noch drei Tore! Das Blatt hat sich gewendet. Ihr habt den wichtigsten Teil verpasst.

Ja gut, aber tot ist halt auch tot. Da wendet sich normalerweise nichts mehr. Die beiden Jünger gingen weiter neben Jesus her, den sie immer noch nicht erkannten. »Und er ... erklärte ihnen alles, was in der Schrift über ihn geschrieben stand.«[71] Jetzt waren sie wieder im Spiel.

»Mittlerweile näherten sie sich ihrem Ziel, dem Dorf Emmaus. Es schien so, als ob Jesus weitergehen wollte, doch sie baten ihn inständig, über Nacht bei ihnen zu bleiben, da es schon dunkel wurde. Da trat er mit ihnen ins Haus.« Absolut gebannt hörten sie diesem Mann zu. Sie aßen mit ihm zu Abend, und endlich: »Da gingen ihnen die Augen auf und sie erkannten ihn.«[72]

Der Sieg

Was muss das für ein Gefühl gewesen sein? »Deutschland ist Weltmeister! Schlägt Ungarn mit drei zu zwei Toren im Finale in Bern.«

Das Unmögliche ist möglich geworden.

Gerade noch waren sie die großen Verlierer. Doch dann der Anschlusstreffer durch Morlock, der Ausgleich durch Rahn, und schließlich: »Aus dem Hintergrund müsste Rahn schießen ...« – der Führungstreffer. »Toooor! Tooooor! Toooor! Tooooor!«

Jesus war wieder da. Und nicht nur er, auch der Traum, den sie mit seinem Tod begraben hatten, war mit ihm wieder zum Leben erwacht. Sie beschreiben das Gefühl mit den Worten: »Brannte nicht unser Herz in uns, als er unterwegs mit uns redete und uns den Sinn der Schriften eröffnete?«[73] Dieses Feuer in ihnen, das mit dem Tod von Jesus erloschen war, es brannte wieder.

Es brannte vor Freude, denn ihr Jesus war wieder am Leben.

Es brannte über die Hoffnung, dass der Tod nicht das Ende ist.

Es brannte für seine Botschaft der besseren Welt. Auf einmal war sie doch möglich geworden.

Es brannte für ein Leben nach seinem Vorbild. Ein Leben, das herausfordert.

Die beiden Männer gingen noch am selben Abend zurück nach Jerusalem. Als sie bei den anderen Nachfolgern von Jesus ankamen, hatte sich auch dort die gute Nachricht bereits wie ein Lauffeuer verbreitet. Sie wurden mit den Worten empfangen: »Der Herr ist tatsächlich auferstanden! Er ist Petrus erschienen!«[74]

Frauen waren die ersten Zeuginnen

Spannend an dieser Stelle ist übrigens,
dass alle vier Evangelien übereinstimmend berichten,
dass Frauen die Ersten gewesen sind, die von der Auferstehung
erfahren haben. Lukas berichtet, dass einige der Frauen,
die mit Jesus unterwegs gewesen waren, zuletzt am Todestag
im Grab waren, um den Leichnam von Jesus einzubalsamieren.
Und am nächsten Morgen auch die Ersten,
um nach ihm zu sehen. Matthäus beschreibt, wie Jesus
als Erstes zwei Frauen begegnete, die frühmorgens den
Leichnam von Jesus einbalsamieren wollten.
Später zeigte er sich seinen engsten Nachfolgern.
Auch die Evangelisten Markus und Johannes schildern,
wie Jesus an diesem ersten Ostersonntag zunächst
Maria Magdalena und dann erst den anderen Jüngern begegnete.

Dieses Ostererlebnis – die Begegnung mit dem auferstandenen Jesus – ist der große Wendepunkt im Leben aller Nachfolger von Jesus. Wo Verlust, Trauer und Mutlosigkeit gestanden hatten, stand auf einmal ein Sieg. Der Sieg von Jesus über den Tod.

Seit fast 2000 Jahren feiern Christen weltweit das Fest der Auferstehung – den Sieg von damals. Aber die Bedeutung von Ostern geht noch darüber hinaus.

Anders als ein Sieg bei einem Fußballspiel ist die Auferstehung nichts, was man tagtäglich im Fernsehen oder auf dem Bolzplatz um die Ecke sieht. Es fällt uns leicht zu glauben, dass die Elf vor 70 Jahren das Spiel gewinnen konnte, egal, wie aussichtslos die Lage gewesen ist – egal, ob wir dabei waren oder nicht. Wir wissen, dass man ein Spiel gewinnen kann. Eine Auferstehung haben die meisten von uns dagegen noch nicht erlebt … Wir können also nur glauben, dass sie wahr ist. Wissen oder beweisen können wir es nicht.[p]

Doch wenn die Auferstehung wirklich wahr ist, feiern wir heute nicht einfach eine Tradition oder erinnern uns an ein Wunder von damals. Dann hat diese Auferstehung bis heute eine echte Auswirkung auf unser Leben.

Wo Trauer und Mutlosigkeit gestanden hatten, stand auf einmal ein Sieg: der Sieg von Jesus über den Tod.

Das Fest des Lebens

Hast du heute Morgen schon Ostereier gesucht oder zum Frühstück gegessen? Ostereier gehören einfach zu Ostern dazu! Und das schon seit sehr langer Zeit. Eier sind bereits seit der Antike ein Zeichen für das Leben. Diese Symbolik haben die Christen übernommen, um damit an Ostern die Auferstehung von Jesus zu versinnbildlichen.[75]

Mit der Auferstehung ist die große Hoffnung auf ein Leben nach dem Tod verbunden.

Heute verbrauchen wir viele Millionen Hühnereier zu Ostern. Das sind ganz schön viele »Lebenszeichen«. Aber nicht umsonst: Ostern ist nicht nur der Tag, an dem Jesus von den Toten auferstanden ist. Mit der Auferstehung ist noch eine größere Hoffnung verbunden: eine Hoffnung auf ein Leben nach dem Tod für alle Menschen.

---

p) Mehr dazu kannst du im Kapitel *Der historische Jesus* erfahren.

Ich bin die Auferstehung und das Leben. Wer an mich glaubt, wird leben, auch wenn er stirbt.

– Jesus

Aus dem »Nichts geht mehr« ist ein »Alles ist möglich« geworden. Aus dem Ende des Lebens wird ein neuer Anfang. Das hat die Kraft, dem Tod die Bitterkeit zu nehmen! Auch wenn es weiterhin schrecklich und traurig ist, wenn wir einen geliebten Menschen verlieren. Auch wenn wir immer noch viel lieber für unser Kind da sein wollen, statt viel zu früh an einer Krankheit zu sterben. Auch wenn der Schmerz noch immer schwer zu ertragen ist, wenn wir einsam zurückbleiben. Wir können uns sicher sein: Das letzte Wort ist noch nicht gesprochen.

Und noch viel mehr: Diese neue Perspektive auf den Tod wirkt sich auf unser ganzes Leben aus. Schauen wir dafür noch einmal zu den Jüngern – die Ersten, die das Wunder von Ostern erlebten: Petrus, der nach der Verhaftung von Jesus zu viel Angst hatte, um zuzugeben einer der Jünger zu sein, wird später trotz Gefängnis und Todesdrohungen nicht aufhören, von Jesus zu erzählen. Er heilt Kranke, predigt vor Tausenden von Zuhörern und lässt sich von den religiösen Eliten nicht einschüchtern, wofür er am Ende sogar hingerichtet wird.

Thomas, der nicht glauben wollte, dass Jesus wieder lebte, bis er ihn selbst berühren konnte, zieht später bis nach Indien, um den Menschen von Jesus und seiner Auferstehung zu erzählen.

Matthäus, ehemals Steuereintreiber und ein Betrüger wie Zachäus, schreibt alles auf, was er mit Jesus erlebte. Wir nennen seinen Text heute das Matthäusevangelium.

Die Jünger waren fast nicht wiederzuerkennen!

Und bis heute schenkt dieser Sieg über den Tod neuen Mut. Echten Lebensmut. Mut, den wir so dringend brauchen, um einander zu dienen, ohne die Angst, zu kurz zu kommen. Mut, aus dem Kreislauf des »Wie du mir, so ich dir« auszusteigen. Mut, den anderen höher zu achten als uns selbst. Mut zu lieben, ohne etwas zurückzufordern.

Jedes Jahr, wenn nach dem langen Winter endlich der Frühling kommt, wenn die Osterglocken blühen und die Kinder ihre Ostereier im Garten suchen, dann werden wir daran erinnert: Der Tod ist nicht das Ende.

Und dann spüren wir wieder, dass wir am Leben sind. Dass unser Herz noch brennt.

Ostern ist das Fest des Lebens. Wenn Jesus damals von den Toten auferstanden ist, dann ist wirklich alles wahr geworden:

Ich aber bin gekommen, um ihnen das Leben zu geben,
Leben im Überfluss.
Johannes 10,10b; GNB

OSTERMONTAG
Ende gut, alles gut?

Wenn du an dieser Stelle unseres Buches angekommen bist, möchten wir dir erst einmal Danke sagen. Danke, dass du dich mit uns auf die Reise gemacht hast, um Ostern in 30 Kapiteln neu zu entdecken. Vielleicht inspirierte dich der eine oder andere Impuls, über deinen Glauben oder über die Person Jesus nachzudenken. Wir wünschen uns von Herzen, dass du ganz neu oder zum ersten Mal eine Idee bekommen hast, was Ostern für dich bedeuten kann. Doch nun stellt sich die Frage: Wie geht es jetzt weiter, nach den Impulsen und Erfahrungen mit diesem Buch?

Petrus, der bekannteste Jünger von Jesus, war an einem ähnlichen Punkt angekommen. Zugegeben, er hatte sich nicht 30 Kapitel lang mit Jesus beschäftigt. Stattdessen war er drei Jahre mit Jesus unterwegs gewesen und erlebte am Ende dieser Jahre Ostern live und hautnah. Er hatte nicht nur ein Buch gelesen, sondern wurde persönlich von Jesus gelehrt und erlebte viele Wunder. Eigentlich könnte man denken, er hätte nun alles begriffen und müsste wissen, was jetzt – nach Ostern – zu tun sei. Aber ganz so war es nicht.

Petrus steckte das Osterwochenende noch ziemlich in den Knochen. Er musste hilflos mitansehen, wie sein Meister auf feige Art verraten und brutal hingerichtet wurde. Und ausgerechnet er, der unter den Jüngern eine Art Anführerrolle einnahm, hatte seinen Freund und Mentor an diesem schwersten Tag seines Lebens kläglich im Stich gelassen!

Petrus war Hals über Kopf geflohen, als Jesus verhaftet wurde, aus Angst, auch selbst gefangen genommen zu werden. Als er danach angesprochen und verdächtigt wurde, zu den Anhängern von Jesus zu gehören, stritt er es dreimal vehement ab. Das war zu viel für ihn, da stieß sein Mut an seine Grenzen. Derselbe Petrus, der wenige Stunden vorher lauthals verkündet hatte, Jesus niemals zu verlassen, selbst wenn er mit ihm sterben müsste, scheiterte kläglich. Sein menschliches Versagen beschämte Petrus so sehr, dass er bitterlich weinte.[76]

An diesem Tag starb nicht nur Jesus, sondern auch das Selbstwertgefühl von Petrus. Aber nicht nur das: Petrus war auch davon ausgegangen, dass seine ganzen Hoffnungen und Erwartungen, die er mit Jesus verbunden hatte, dieses Versprechen von Gottes neuem Reich auf Erden, gescheitert waren. Das hatte ihn zutiefst erschüttert.

> **An diesem Tag starb nicht nur Jesus, sondern auch das Selbstwertgefühl von Petrus.**

Die schlechten Erfahrungen der letzten Tage waren mit Ostern nicht einfach wie weggeblasen. Das war kein »Ende gut, alles gut«. Es blieben viele Fragen offen, trotz Ostersonntag. Was es persönlich für ihn bedeuten konnte, dass Jesus vom Tod auferstanden ist, war Petrus nicht klar. Alles war anders gekommen, als er es sich vorgestellt hatte. Das vergangene Wochenende zeigte noch einmal ganz deutlich: Der Messias ist total anders, als er gedacht hatte. Noch dazu stand Petrus sein schlechtes Gewissen gegenüber Jesus im Weg.

Zurück in den Alltag

An diesem Punkt angekommen stellte er sich die Frage: Wie geht es jetzt weiter?

Petrus beantwortete diese Frage so nachvollziehbar und menschlich: Er ging zurück in sein altes Leben. In das vertraute Leben mit all seinen Routinen und Gewohnheiten; in das Leben, das er geführt hatte, bevor Jesus ihm das erste Mal begegnet war. Petrus wurde wieder ein einfacher Fischer, als ob nichts gewesen wäre, als ob er Jesus niemals getroffen hätte. Er wusste genau, wie es als Fischer läuft und was, wie, wann zu tun ist. Man könnte sagen, ein Fischerboot war für Petrus ein emotional sicherer Ort. Da gab es keine Überraschungen. Die Herausforderungen und Probleme waren ihm bestens vertraut. Das war der Ort, an dem er mit seinen Fähigkeiten bestimmen konnte, wie es läuft.

Ist das nicht auch ein Stück weit unsere Geschichte? Wir machen uns auf, lesen ein Buch über Jesus und den Glauben, erleben positive Dinge, sammeln Erfahrungen und werden inspiriert. Und doch bleiben viele Fragen offen, trotz des letzten Kapitels mit dem Sieg von Ostersonntag. Es gibt weiterhin Enttäuschungen, es bleiben Probleme und manchmal stoßen wir auch an unsere eigenen Grenzen. Und wir kehren zum Anfang zurück. Die positiven Erfahrungen werden als fromme Schwärmerei abgetan und wir gehen in unseren Alltag, als ob nichts gewesen wäre.

Aber die Geschichte von Petrus ist hier noch nicht zu Ende.

Ein Gespräch, das alles verändert

Jesus sucht Petrus in seinem Alltag, findet ihn an dem Ort, an den er sich zurückgezogen hatte, dort, wo er alle Wünsche und Hoffnungen begraben hat. Am See Tiberias, wo Petrus nun wieder seiner Arbeit als ganz normaler Fischer nachgeht. Jesus wartet am Ufer auf ihn. Ohne Vorwürfe und Schuldzuweisungen, sondern mit offenen Armen und einem Frühstück nach Fischerart: Brot und Fisch, gegrillt auf einem Kohlenfeuer.

Was dann passiert, verändert das Leben von Petrus grundlegend. Eigentlich ist es nicht mehr als ein Gespräch.

Im Lauf des Gesprächs stellt Jesus ihm diese eine Frage: »Petrus. Liebst du mich?«

In dieser kurzen Frage steckt aber so viel mehr: »Liebst du mich? Auch wenn ich anders bin, als du erwartet hast? Und trotz deiner offenen Fragen? Trotz deiner Enttäuschung über dich selbst? Auch wenn ein Leben mit mir nicht so sicher und geregelt ist wie das Leben auf deinem Fischerboot?«

Jesus hätte noch mal den Kern seiner Lehre erklären können, noch mal mit Petrus über die Höhen und Tiefen der vergangenen Wochen sprechen, noch mal seine Zukunftspläne ausführen können. Jesus hätte ihn zur Rede stellen können, warum Petrus nicht zu ihm gehalten hatte. Aber am Ende ist für Jesus nur diese eine Frage entscheidend: Liebst du mich? Alles andere ist zweitrangig.

Jesus stellt mit diesem Gespräch nicht nur die Freundschaft und das Vertrauen mit Petrus wieder her. Er traut Petrus viel mehr zu, als dieser sich selbst in diesem Moment zutraut. Er beauftragt ihn erneut, seine Nachfolgerinnen und Nachfolger anzuführen. Und diese Beauftragung veränderte die Welt.[77]

Eine Begegnung mit Jesus

Wenige Tage nach dieser Begegnung verabschiedete sich Jesus von seinen Jüngern und kehrte zu seinem Vater im Himmel zurück.[q] Am Ende seiner kurzen Abschiedsrede sagte er:»Ich versichere euch: Ich bin immer bei euch bis ans Ende der Zeit.«[78]

Das ist auch der Grund, warum wir glauben, dass eine Begegnung mit Jesus auch heute noch möglich ist, warum wir beim Beten nicht nur meditieren, sondern erleben können, dass Jesus zuhört und reagiert.

Jesus ist seit dem Gespräch mit Petrus unzähligen Menschen begegnet. Auch wenn sie keine Begegnungen mit dem leibhaftigen Jesus hatten, so doch mit dem *auferstandenen* Jesus.

---

q) Lukas berichtet in Kapitel 24,50-51, wie Jesus vor den Augen seiner Freunde in den Himmel emporgehoben wurde. Dieses Ereignis wird an Christi Himmelfahrt gefeiert.

Manchmal ganz unerwartet bei einer Begegnung mit anderen Menschen, in der Natur, beim Lesen der Bibel, in einem Gottesdienst.

Manche dieser Begegnungen sind spektakulär, wie zum Beispiel beim Apostel Paulus, der von einem hellen Licht geblendet wurde, zu Boden stürzte und die Stimme von Jesus hörte, der ihn direkt ansprach.[r] Viel öfter sind die Begegnungen unscheinbar. Aber die Auswirkungen sind die gleichen wie bei den Menschen, die vor 2000 Jahren in Galiläa bereit waren, sich auf den Jesus einzulassen, der nicht wirklich einzuordnen war.

Menschen beginnen zu staunen, wie die Jünger, nachdem Jesus dem Sturm befohlen hatte zu schweigen. Sie erleben eine übernatürliche Ruhe, einen Frieden und eine Sicherheit, wie Jesus sie hatte, als er von Pilatus verhört und zum Tod verurteilt wurde.

Manche werden geheilt, in erster Linie innerlich, wie der Gelähmte, dem Jesus sagte: »Deine Sünden sind dir vergeben.« Und es gibt auch Menschen, die Heilung von Krankheiten erleben.

Andere erleben, wie sie bereit werden, zu vergeben, bereit werden, zu dienen und sich anderen unterzuordnen, ohne die Angst, zu kurz zu kommen.

Wieder andere werden durch eine Begegnung mit Jesus großzügig, so wie wir es bei Zachäus gesehen haben.

Wer dem auferstandenen Jesus begegnet, erhält diese neue Ostersonntag-Perspektive.

Wie auch immer die Auswirkungen sein mögen: Wer dem auferstandenen Jesus begegnet, erhält diese neue Ostersonntag-Perspektive auf das Leben und auf den Tod. Und findet eine innere Freiheit, die die Kraft hat, alles zu verändern.

---

r) Die Jesus-Begegnung von Paulus wird in Apostelgeschichte 9,1-19 beschrieben.

An deinem Ufer

Vielleicht steckst du in einer ähnlichen Situation wie Petrus dort in seinem Boot auf dem See. Du hast bereits erste Erfahrungen mit dem Glauben und Jesus gemacht – vielleicht ist das schon länger her, vielleicht war es gerade erst –, aber du wurdest von Menschen und vom Glauben oder von dir selbst enttäuscht und denkst, das alles funktioniert nicht. Das ist alles nichts für dich. Du bist zurückgegangen an den Ort, an dem du dich sicher fühlst, dort, wo es für dich keine unlösbaren Probleme und unbekannten Herausforderungen gibt. An den Ort, an dem du alles im Griff hast.

Doch Jesus sitzt genau an diesem Ufer und wartet auf dich. Genau hier will er dir begegnen, mit offenen Armen.

Die tiefe Erkenntnis dieser Petrusgeschichte liegt nicht so sehr in ihren Details, sondern vielmehr in der unumstößlichen Tatsache, dass Jesus kein Problem mit unserem Scheitern und unseren Zweifeln hat. Dass Jesus nicht unsere Momente des Versagens betont, sondern ein echtes Interesse an einer Beziehung und Freundschaft mit uns hat. Und vielleicht ist dieses Buch ein erstes Zeichen von diesem Jesus an deinem Ufer.

Jesus sitzt an deinem Ufer und wartet auf dich.

Am Ende dieses Buches laden wir dich ein, genau das zu tun, was Petrus in dieser Situation getan hat: ein ehrliches aufrichtiges Gespräch mit Jesus zu führen; einfach all deine Bedenken, Zweifel und Probleme Jesus gegenüber zum Ausdruck zu bringen und dann darauf zu warten, wie er reagiert.

Wir nennen es beten.

ZUM
VERTIEFEN

FASTEN NEU ERLEBEN
Die Sehnsucht nach mehr

Wie der Frühjahrsputz für die Wohnung verspricht Fasten Ordnung für Körper, Seele und Geist. Für Christen weltweit beginnt am Aschermittwoch die vorösterliche Fastenzeit. Unter dem Motto »7 Wochen Ohne« verzichten viele Menschen in dieser Zeit auf Dinge, die ihnen wichtig sind.

In den letzten Jahren ist Fasten aber auch über die christliche Fastenzeit hinaus zu einem Megatrend geworden. So haben Fastenratgeber aus aller Welt ihren Weg in die Buchhandlungen gefunden. Gesundheitsexperten, Influencer und Fitness-Gurus entdecken die Möglichkeiten und Vorteile des Fastens neu. »Wie neugeboren durch Fasten« – so verspricht jeder auf seine Art und Weise einen Neustart der Superlative.

Wir verspüren ebenfalls eine neue Lust aufs Fasten und widmen uns in diesem Kapitel dieser uralten und doch neuen Tradition. Gemeinsam mit dir wollen wir das Fasten neu erleben.

Mehr Gesundheit

Schon sehr früh wurde dem Fasten eine heilende Wirkung zugesprochen. Bereits Hippokrates (460-370 v. Chr.) empfahl, Krankheiten eher durch Fasten zu heilen als durch Medikamente: »Wer stark, gesund und jung bleiben will, sei mäßig, übe den Körper, atme reine Luft und heile sein Weh eher durch Fasten als durch Medikamente.«[79]

Wir schreiben das Jahr 1917, der Erste Weltkrieg ist noch nicht zu Ende. Otto Buchinger, ein noch junger Militärarzt, leidet unter starkem Rheuma. Nichts verschafft ihm Linderung; jede Bewegung schmerzt. Doch dann entschließt er sich, radikal auf Nahrung zu verzichten. Er fastet. »Nach 19 Tagen war ich dünn, aber ich konnte wieder alle Gelenke wie ein junger Mann bewegen«[80], schrieb er. Beflügelt von diesem Erlebnis baut er seine erste Fastenklinik auf, die bis heute Patienten aus aller Welt empfängt.

Was man heute über das Fasten weiß: Es ist sehr gesund! Über Heilfasten, das heißt, für mehrere Tage nichts zu essen, berichten viele Menschen von gesundheitlichen oder mentalen Durchbrüchen. Wird die Verdauung gestoppt, benötigt der Körper deutlich weniger Energie, das Herz schlägt langsamer und der Blutdruck sinkt. In einer Studie, die das Buchinger-Fasten untersuchte, stellte man fest, dass sich bei 84 Prozent der Teilnehmenden Gesundheitsprobleme wie Gelenkentzündungen, Diabetes Typ 2, Bluthochdruck und schwere Erschöpfung deutlich besserten.[81]

Was passiert im Körper beim Heilfasten?

- Die Stimmung verbessert sich, da der Botenstoff Serotonin zwischen den Gehirnzellen vermehrt freigesetzt wird.
- Das Gewicht reduziert sich, da der gespeicherte Zucker abgebaut und Fettsäuren in Energie umgewandelt werden.
- Die Bauchspeicheldrüse erholt sich, da weniger Insulin produziert werden muss.
- Die Zellen reagieren wieder empfindlicher, dadurch kann Insulin besser andocken.
- Akute Entzündungen in Gelenken und Muskeln werden gelindert, da der Körper weniger Entzündungsbotenstoffe produziert.
- Die Bildung neuer Gehirnzellen wird angeregt.
- Puls und Blutdruck sinken.
- Cholesterinwerte und Insulinspiegel sinken.

– Der Magen schrumpft. In der Zeit nach dem Fasten ist man schneller satt.
– Der Darm ruht sich aus. Es werden allerdings weiterhin abgestorbene Zellen und Darmbakterien ausgeschieden.

Aber für das Mehr an Gesundheit muss nicht einmal komplett aufs Essen verzichtet werden. Sogar der Verzicht auf einzelne Genussmittel, auf Input für Körper *und* Seele, kann bereits einen Unterschied machen: Kaffee, Fleisch oder Süßigkeiten, Podcasts, Serien oder Social Media.

Wenn wir es schaffen, für ein paar Tage auf gewohnte Belohnungen oder Ablenkungen zu verzichten, können wir gezielt einen bewussteren und gesünderen Umgang mit ihnen antrainieren. Besonders beliebt ist dabei mittlerweile das *Digital Detox*, also der Verzicht auf digitale Medien allgemein. Denn bereits die kleinsten digitalen Pausen können helfen, sich besser zu entspannen und zu konzentrieren. Gleichzeitig senken diese Auszeiten das Risiko für die negativen Begleiterscheinungen wie Stress, Burn-out, Kopfschmerzen oder Schlaflosigkeit.

Wenn das nicht schon einige gute Gründe sind, um zu fasten!

Der Mensch lebt nicht vom Brot allein

Eigentlich ist Fasten in Bezug auf den Glauben doch ein wenig merkwürdig. Hast du dich schon mal gefragt, warum man ausgerechnet dann auf Essen verzichtet, wenn es um Gott und den Glauben geht? Was hat so etwas Irdisches, Körperliches wie Essen mit so etwas Unsichtbarem und Geistlichem wie Gott zu tun?

Die erste naheliegende Schlussfolgerung wäre vielleicht, dass Fasten eine Art Opfer ist. Will Gott tatsächlich, dass wir hungern und leiden? Zugegeben: Im Mittelalter zwang die Kirche tatsächlich die Gläubigen zum Fasten, andernfalls drohten Strafen.[82]

Aber das würde nicht erklären, warum Jesus selbst auch fastete.

Lass uns deshalb kurz einen Blick auf die Fastenzeit von Jesus werfen: Bevor Jesus seine Karriere als Wanderprediger begann, verbrachte er 40 Tage in der Wüste und fastete. Es war eine Zeit der Vorbereitung auf sein öffentliches Auftreten. Und man könnte meinen, dass Jesus dieser Verzicht auf Essen nicht schwergefallen ist, doch es heißt über ihn:»Während dieser ganzen Zeit aß er nichts, sodass er schließlich sehr hungrig war.«[83] In diesem Zusammenhang entstand das berühmte Jesus-Zitat:»Der Mensch lebt nicht vom Brot allein.«

Wir glauben, dass in diesen Worten eine tiefe Wahrheit verborgen liegt, die uns hilft zu verstehen, worum es beim Fasten wirklich geht: Nahrung ist natürlich wichtig, um zu überleben. Doch es geht im Leben um mehr als Essen und Trinken. Es geht um mehr als unsere alltäglichen Bedürfnisse.

Oft sind wir so mit unserem Alltag beschäftigt, dass wir das ganz vergessen. Wir sind so darauf fokussiert, unsere alltäglichen Bedürfnisse zu stillen, dass wir die tiefer liegenden übersehen. Doch der Mensch lebt nicht vom Brot allein, es gibt noch mehr. Wenn wir auf Nahrung oder auch auf andere Bedürfnis-Stiller verzichten, können wir diesem»Mehr« auf die Spur kommen.

GUTE GRÜNDE ZU FASTEN

Mehr Nähe zu Gott

Du hast den Wunsch, Gott zum ersten Mal oder erneut einen
Schritt näherzukommen? Fasten hilft dir dabei,
Ablenkungen auszuschalten und mehr von deiner
(nun frei gewordenen) Zeit gezielt dafür investieren zu können.
Fasten heißt, die dadurch entstehende Leere zuzulassen,
um Platz für Gott zu haben.

Mehr Vertrauen auf Gott

Du stehst vor einer beängstigend großen Aufgabe oder einem
scheinbar unlösbaren Problem? Wenn ein wichtiger Lebensschritt
ansteht, kannst du das Fasten als persönliche Vorbereitungszeit
nutzen. Zu fasten heißt, sich bewusst nicht auf seine eigenen
Fähigkeiten zu verlassen, sondern zu lernen,
mit Gottes Möglichkeiten zu rechnen.

Mehr innerer Frieden

Du bist oft unzufrieden mit dir selbst oder anderen?
Fasten hilft dir dabei, dankbar für die vielen kleinen und großen
Momente des Alltags zu werden. Durch den bewussten
Verzicht kannst du außerdem einfacher deine bisherigen
Prioritäten unter die Lupe nehmen und neu herausfinden,
was dein Leben wirklich wertvoll macht.

SCHLECHTE GRÜNDE ZU FASTEN

Mehr Liebe

Fasten ist keine Bedingung von Gott für seine Liebe,
denn die ist bedingungslos! Wer aus diesem Grund fastet,
findet wahrscheinlich nicht mehr Liebe, sondern begibt sich
stattdessen in ein sehr ungesundes Verhältnis zu Gott,
geprägt von Schuldgefühlen und Minderwert.

Mehr Ansehen

Fasten ist kein Wettbewerb! Wer fastet, um andere zu
beeindrucken, gewinnt bei manchen Menschen tatsächlich
zunächst mehr Ansehen. Doch am Ende gibt es immer jemanden,
der auch auf dieser Ebene »besser« ist. Langfristig betrachtet
wird so zu fasten einfach nur sehr, sehr anstrengend.

Wie wird Fasten zu »mehr«?

Es kann passieren, oder sagen wir mal, es wird passieren, dass dir das
Fasten schwerfällt und du dich in den skurrilsten Situationen wie-
derfindest. Beim Netflix-Fasten kann es schon mal vorkommen, dass
man sich einen Trailer nach dem anderen anschaut und sich eine
neue *To-watch-List* erstellt. Beim Verzicht auf Süßigkeiten erwischt
sich der ein oder andere bestimmt noch öfter am Süßigkeitenschrank
als sonst. Und beim Vollfasten ist es sicherlich keine Seltenheit, dass
man die freie Zeit träumend in einer Rezepte-App verbringt.

Um den Entzug erträglich zu machen, suchen wir uns gerne eine
»Ersatzdroge« oder wagen uns möglichst nahe an die Grenzen, in

der Sehnsucht, das laute Bedürfnis zu stillen. Aber egal, wie oft du an deine Grenzen kommst oder die Grenze auch mal übertrittst, lass dich nicht daran hindern, weiterzumachen.

Ganz im Gegenteil: Wenn das Verlangen groß ist, sind wir an einem schwierigen, aber entscheidenden Punkt angekommen. Wir haben uns in »die geübte Krise« gebracht. Jetzt können wir eine wichtige Erfahrung machen und einen Schritt gehen. Wir können selbstbeherrscht Nein zu dem lauten Bedürfnis sagen und uns wegdrehen – hin zu dem Grund, wegen dem wir fasten. Und wir können genau diesen Moment nutzen, um dem Mehr ein Stückchen näher zu kommen, das für uns in diesem Fastenerlebnis steckt.

Ein Beispiel: Du hast dir vorgenommen, auf Kaffee zu verzichten. Doch dann nimmst du eine Packung Kaffeebohnen aus dem Schrank, steckst deine Nase hinein und schärfst dir ein: »Ich darf dich nicht trinken, du leckeres schwarzes Gold!« Logisch, dass es so schwieriger wird, auf Kaffee zu verzichten, oder? Stell die Packung zurück und sage dir dabei: »Nein, der Mensch lebt nicht vom Kaffee allein!«, oder: »Nein, wegen dir habe ich nicht angefangen zu fasten und wegen dir höre ich auch nicht auf!« Ändere deine Blickrichtung, achte darauf, warum du fastest. Für welches Mehr fastest du? Nimm dir die Zeit, die du dir sonst für eine Tasse Kaffee nimmst, für dein Anliegen.

Mach dir bewusst: Für welches Mehr faste ich?

Diese Momente sind oft reichlich unromantisch und du wirst dich wahrscheinlich auch nicht besonders gut fühlen. Aber das heißt nicht, dass nichts passiert!

Man könnte es mit einem Baum in der Dürrezeit vergleichen: Äußerlich fallen seine Blätter ab, er sieht vertrocknet aus und wirkt ganz fahl. Man sieht ihm sein Leiden förmlich an. Was macht der Baum in dieser Dürrezeit? Er breitet seine Wurzeln aus. Er streckt sie in die Tiefen des Erdreichs auf der Suche nach Wasser. Obwohl er in dieser Dürre nicht mehr so lebhaft satte grüne Blätter zeigt, macht der Baum etwas, das ihn krisenfester macht. Es wird ihm in Zukunft leichter fallen, an Wasser zu kommen. Dem nächsten Sturm tritt er standhafter entgegen.

Ostern neu erleben

Ostern kann mehr sein als eine schöne Tradition,
mehr als die Freude über Ereignisse von vor 2000 Jahren.
Wir glauben sogar, dass es tatsächlich heute noch
etwas zu *erleben* gibt.
Und weil echte Erlebnisse sich nun mal nicht nur im Kopf
abspielen, hilft es, wenn wir uns auch mit Ostern nicht
nur gedanklich auseinandersetzen. Wir glauben,
dass Fasten ein Schlüssel sein kann, um auch
heute noch Ostern neu zu erleben.

Einfach mal machen

Vielleicht fastest du schon längst. Vielleicht ist Fasten für dich etwas Neues und bislang eher fremd. Aber du möchtest es gerne mal versuchen. Wichtig dafür: Wie, wann, wo und ob du fastest, entscheidest du! Es gibt unzählige Möglichkeiten, eine Fastenerfahrung zu machen.

Wir laden dich mit diesen drei Möglichkeiten dazu ein, mit uns gemeinsam zu fasten.

Einen Tag Fasten

Wie ein Pflaster, das man schnell abreißt,
kannst du einen Tag fasten. Es braucht dazu kaum Vorbereitung.
Man trifft den Entschluss, ist ein bisschen nervös und
tut es einfach: einen Tag nichts essen, viel trinken und die Zeit,
die man sich freigeschaufelt hat, für den Fasten-Anlass nutzen.

Fünf Tage Vollfasten[s]

Etwas mehr Vorbereitung benötigt
die Fastenmethode nach Buchinger.[84] Dabei ist der Rahmen so:

– Nichts essen und viel trinken: 2-3 l Wasser, Tee, Gemüse- und
  Obstsaft, Gemüsebrühe
– Weglassen von Überflüssigem: z. B. Kaffee, Nikotin, Alkohol,
  Süßigkeiten
– So gut es geht auf Medien verzichten und stattdessen Zeit für
  Stille nehmen, um zur Ruhe zu kommen
– Tägliche Bewegung wie Spazierengehen und Gymnastik und
  zwischendrin ausreichend Ruhephasen zur Entspannung

---

s) Bitte beachte, dass du ohne Aufsicht eines Arztes nur dann fasten solltest, wenn
du völlig gesund bist. Kläre außerdem auch eine mögliche Medikamenteneinnahme
unbedingt vorher mit dem Arzt ab. Bist du unsicher, ob dein gesundheitlicher Zustand
stabil genug ist, um eine Fastenerfahrung zu machen, lass dich von einem Arzt beraten.

Vorbereitung

Nimm 1-3 Tage vor dem Fasten nur leichtes, vegetarisches, ballaststoffreiches, salzarmes und fettarmes Essen zu dir. Reduziere schon mal Kaffee und Genussmittel, damit sich der Körper darauf einstellen kann.

1. Fastentag

Das ist der Tag für die Darmreinigung – klingt zwar abschreckend, ist aber enorm hilfreich, um die Darmtätigkeit und damit auch die Hungergefühle herunterzufahren: dazu morgens Glaubersalzeinnahme (30-40 g in ½ l lauwarmem Wasser auflösen und innerhalb von 30 Minuten trinken), zusätzlich ¾ l Pfefferminztee und Wasser trinken, um den Flüssigkeitsverlust auszugleichen.
Mittags und abends: 250 ml Obst- oder Gemüsesaft 1:1 mit Wasser verdünnt, nach Wahl heiß oder kalt, oder 250 ml Gemüsebrühe trinken.

Weitere Fastentage

– Morgens: Kräutertee mit 1 TL Honig oder ungesüßtes heißes Zitronen- oder Ingwerwasser
– Mittags oder abends: Frische Gemüsebrühe und 500 ml 1:1 verdünnte Frucht- oder Gemüsesäfte, bei Bedarf ein paar frische Zitronenstücke
– Über den Tag verteilt 2-3 l Kräutertee oder stilles Wasser
– Täglich mindestens 1 Stunde leichte Bewegung (Wandern oder Gymnastik), Sauna und Bürstenmassagen, oder: um den Stoffwechsel anzuregen

- Mindestens alle 2 Tage einen Wassereinlauf zur Darmreinigung durchführen
- Ein Leberwickel am Nachmittag unterstützt die Leberfunktion. Dazu ein feuchtes Tuch mit Wärmflasche auf die Leber legen.

Fastenbrechen

- Vormittags: z. B. einen Apfel langsam genussvoll essen
- Mittags: z. B. einen Teller Gemüsebrühe oder Kartoffel-Gemüse-suppe
- Abends: z. B. Tomatensuppe
- Die folgenden 2-3 Tage dann allmählicher Kostaufbau: Achte darauf, was dir guttut.

Teilfasten bis Ostern

Du kennst deine Neigungen. Ob Süßes, Kaffee, Alkohol,
Zigaretten, Netflix, Fleisch oder Social Media –
wage das Experiment und verzichte mit uns bis Ostern.
Bitte ankreuzen:

Erfahrungsberichte

Was Uli erlebte

Mein Entschluss zu fasten fiel ganz spontan, während der ersten Corona-Welle. Mein Bruder hatte mir bereits von seinen Fasten-Erfahrungen erzählt und empfahl mir einen Ratgeber, den ich begleitend zu meiner Fastenzeit las. Dieser machte mir bewusst, wie sich meine tägliche Ernährung auf die körpereigenen Prozesse auswirkt. Mit dem Fasten drückte ich die Reset-Taste für meinen Darm.

Die Fastentage selbst habe ich als euphorisierend und erleichternd für Körper, Seele und Geist empfunden. Danach konnte ich entscheiden, womit ich meinen Körper wieder neu fülle. Und diesmal tat ich es bewusster und mit mehr Know-how. Ich hörte viel mehr auf meine Verdauung, merkte schnell, wenn ich Dinge gegessen hatte, die mir weniger guttaten. Das heißt nicht, dass ich nie wieder zu McDonald's gehe oder keine Süßigkeiten mehr esse, aber ich habe einen neuen Zugang zu meinem Körper gefunden. Fasten hat in meinem Leben einen großen Unterschied gemacht und steigert bis heute meine Lebensqualität.

Was Tabea erlebte

Da es in unserem Freundeskreis einigen Menschen nicht gut ging, beschlossen wir, als Gruppe zu fasten. Ich verzichtete auf Instagram und reduzierte meinen Handykonsum. Mir tat der Insta-Verzicht sehr gut. Ich hatte das Gefühl, wieder viel mehr in der Realität anzukommen und die Welt um mich herum wahrzunehmen. Immer, wenn ich den Impuls hatte, mein Handy zu nehmen, habe ich es nicht getan und an den Grund meines Fastens gedacht: meine Freunde.

In dieser Zeit haben wir uns auch gemeinsam Zeit genommen, zu beten. Es hat mich richtig motiviert und war mir sehr wichtig, dass ich das Ganze nicht alleine gemacht habe, sondern in der Gruppe. Ich weiß nicht, ob sich durch mein Fasten bei den Menschen etwas verändert hat. Aber es hat auf jeden Fall nicht geschadet! Wir haben danach gemeinsam beschlossen, öfter zu fasten.

Was Liska erlebte

Dem Mann einer lieben Freundin von mir ging es gar nicht gut. Sein Gesundheitszustand verschlechterte sich extrem und er wurde sehr krank. Meine Freundin mit ihren drei Kindern war so verzweifelt und wir langsam ebenfalls. Als Freundeskreis entschlossen wir gemeinsam für seine Gesundheit zu fasten. Das Besondere war, dass es ihm zunehmend besser ging. Ein richtiges Wunder! Es hat uns sehr viel bedeutet, gemeinsam zu fasten und zu beten, dass ein anderer Mensch wieder gesund wird.

DER HISTORISCHE JESUS

In den vier »Evangelien« und der anschließenden »Apostelgeschichte« in der Bibel wird über das Leben von Jesus und das seiner Jünger berichtet. Dies ist eine Übersicht der wichtigsten darin beschriebenen Stationen von Jesus:

WEIHNACHTEN
– Geburt von Jesus in Bethlehem
– Ca. 4 v. Chr.
– Kindheit in Nazareth (Galiläa)
– Arbeit als Bauhandwerker

Über diese Zeit wird nur wenig in der Bibel berichtet.

**TAUFE DURCH
JOHANNES DEN TÄUFER**
– Beginn des öffentlichen Auftretens
– Mit ca. 30 Jahren
– 40 Tage Fasten in der Wüste
– 3 Jahre als Wanderprediger unterwegs
Hauptsächlich in Galiläa,
teilweise in angrenzenden ausländischen
Gebieten und Judäa / Jerusalem.
Schart viele Anhänger um sich,
besonders bekannt die 12 Jünger.
Wird berühmt durch viele
Wunderheilungen und bahnbrechende
Predigten.

PALMSONNTAG
– Ankunft in Jerusalem zu großem Feiertag
– Mit ca. 33 Jahren

GRÜNDONNERSTAG
– Jüdisches Pessach-Fest /
  »letztes Abendmahl«
– Anschließend Festnahme und Verhör

KARFREITAG
– Verurteilung durch Pontius Pilatus
– Tod durch Kreuzigung, Grablegung

KARSAMSTAG
– Die Nachfolger betrauern den Tod von Jesus.

OSTERN
– Jesus ist auferstanden.
– 40 Tage lang begegnet Jesus den Jüngern mehrmals.

CHRISTI HIMMELFAHRT
– Rückkehr von Jesus in den Himmel
– Am 40. Tag der Osterzeit

PFINGSTEN
– Jesus sendet seinen Nachfolgern den Heiligen Geist.
– Am 50. Tag der Osterzeit

Heilige Woche

Die Auferstehung wird oftmals in der

Jesus. Sein Leben, sein Sterben, seine Auferstehung sind außergewöhnlich und einzigartig, so bedeutsam und doch rätselhaft und unglaublich – im wahrsten Sinne des Wortes –, eigentlich nicht zu glauben. Oder eben gerade nur zum Glauben? Wer war dieser Mann, der uns bis heute überall begegnet, nach dem sich unsere Zeitrechnung, unsere Jahreszählung richtet, dessen Leben unser Jahr strukturiert, den wir in so vielen Kleinigkeiten unseres Lebens antreffen?

Die tägliche Präsenz von Jesus in unserem Leben ist verblüffend: Jedes Mal, wenn wir das Datum schreiben, ist Jesus der Referenzpunkt. Das typische Symbol für den Tod ist das Kreuz – der Ort, an dem Jesus grausam zu Tode kam. Wir feiern Weihnachten, Karfreitag, Ostern, Himmelfahrt und Pfingsten – alles orientiert am Leben dieses Mannes. Und auch in unserer Sprache treffen wir ihn indirekt an. Wer kennt nicht die Redewendungen: Glaube, der Berge versetzt – Eher geht ein Kamel durch ein Nadelöhr – Wer ohne Sünde ist, der werfe den ersten Stein – Die andere Wange hinhalten … Wenn jemand ganz besondere Fähigkeiten hat, dann kann er oder sie fast auf dem Wasser laufen … Diese Sprichwörter sind alle dem Leben und dem Wirken von Jesus entlehnt.

Den Einfluss von Jesus bis heute kann man im Grunde nicht leugnen. Dennoch gibt es völlig unterschiedliche, teils kontroverse Ansichten und Meinungen über ihn. Und tatsächlich ist Jesus eine Person, an der sich die Geister scheiden. Manche halten ihn für völlig durchgeknallt, andere finden einfach seine Lehren sehr ansprechend, und wieder andere halten ihn für den Sohn Gottes. Wie gehen wir damit um? Nun, machen wir das, was man macht, wenn man völlig unglaubliche Geschichten hört – wir befragen Augenzeugen, Leute, die direkt oder mindestens indirekt an den Ereignissen beteiligt waren.

Wenn wir etwas über Jesus wissen wollen, schauen wir in der Bibel in das Neue Testament. Die ersten vier Kapitel, die auch Bücher genannt werden, sind die vier Evangelien. Das sind die Berichte von

Menschen, die Jesus entweder selbst begegnet sind oder Begegnungen anderer sorgfältig dokumentiert haben. Darüber hinaus wird Jesus auch in jüdischen und römischen Schriften erwähnt. Beispielsweise berichtet der römische Geschichtsschreiber Tacitus um das Jahr 117 n. Chr.: »Dieser Name [Christiani] stammt von Christus, der unter Tiberius vom Prokurator Pontius Pilatus hingerichtet worden war.«[85] Damit greift er schon das Ende von Jesus auf – wir gehen aber noch mal an seinen Anfang.

Das Leben und Sterben von Jesus

Die vier Autoren der Evangelien, Matthäus, Markus, Lukas und Johannes, sind die wichtigsten Quellen über das Leben von Jesus. Sie berichten in der Bibel ausführlich über sein öffentliches Wirken zwischen seinem 30. und 33. Lebensjahr.[t]

Jesus wurde vermutlich um das Jahr 6 oder 4 vor Christus, das heißt vor unserer Zeitrechnung, in Bethlehem geboren. Genau lässt sich das Jahr nicht mehr ermitteln; Matthäus und Lukas stimmen jedenfalls darin überein, dass Jesus noch zu Lebzeiten Herodes' des Großen geboren wurde. Und dieser König starb 4 v. Chr.[86]

Die Eltern von Jesus waren Josef und Maria. Jesus wuchs mit ihnen und seiner Verwandtschaft in dem kleinen Dorf Nazareth im Gebiet Galiläa auf. Seine gesamte Familie und auch er selbst waren jüdisch.

----

t) Matthäus und Johannes waren unter den 12 berufenen Jüngern von Jesus, die später auch die 12 Apostel genannt werden. Sie erzählten also die Ereignisse, die sie größtenteils selbst miterlebt hatten. Markus und Lukas, der Arzt von Beruf war, waren Begleiter der Apostel. Alle vier Evangelien wurden im 1. oder spätestens im 2. Jahrhundert verfasst – also für antike Geschichtsschreibung sehr zeitnah. Es gibt zahlreiche gut erhaltene Abschriften davon.

Die biblischen Quellen berichten, dass Jesus, wie sein Vater Josef, Zimmermann war.[87] Wie in der Antike üblich muss diese Berufsbezeichnung weit gefasst werden; heute würde man eher von einem Bauhandwerker sprechen.[88] Seine Muttersprache war Aramäisch, aber er lernte wohl auch Griechisch und Hebräisch,[89] wobei Hebräisch zu dieser Zeit kaum mehr eine Verkehrssprache war, sondern zumeist im Zusammenhang mit jüdischen Texten, der Thora, und mit der jüdischen Religionsausübung, also im Tempel und in der Synagoge, gesprochen wurde.

In der Begegnung mit Johannes dem Täufer lässt sich ein Wendepunkt in seinem Leben festmachen: Jesus ließ sich von Johannes taufen[90] und ließ damit auch sein altes Leben hinter sich. Das heißt konkret, dass er Nazareth verließ und sein öffentliches Wirken als Wanderprediger begann. Zu diesem Zeitpunkt war er etwa 30 Jahre alt.[91]

Das zentrale Thema seiner Predigten war das Reich Gottes (mehr dazu im Kapitel *Mittwoch vor Ostern*). Das Bemerkenswerte dabei war, dass Jesus sich mit allen Menschen auf eine Stufe stellte: Er aß und trank mit ihnen und lehrte sie, sogar Frauen, was zum damaligen Zeitpunkt absolut außergewöhnlich war. Diese Nähe zu den Menschen und die Zuwendung auch zu Randfiguren der damaligen Gesellschaft ließen ihn schnell zu einer lokalen Berühmtheit werden.[92]

Die Nähe zu den Menschen, auch zu Randfiguren der damaligen Gesellschaft, machten Jesus schnell zu einer lokalen Berühmtheit.

Er predigte an immer bedeutenderen Plätzen und wurde irgendwann auch über seine Heimatregion Galiläa hinaus bekannt. Doch gerade aufgrund der oft revolutionären Auslegung jüdischer Schriften wurde er von der traditionellen jüdischen Glaubensgemeinschaft als Gefahr angesehen und wurde schließlich auf Befehl des römischen Statthalters Pontius Pilatus hingerichtet.

Als Todestag überliefern alle vier Evangelien den Vortag des Sabbats während eines Passahfestes. Das was das jüdische Fest, auf das der Todestag von Jesus fiel – heute unser Karfreitag. Darüber stimmen biblische wie außerbiblische Quellen überein. So weit ist die Überlieferung unproblematisch. Was nun kommt, ist jedoch ebenso problematisch wie revolutionär. Denn die Evangelisten berichten von einem außergewöhnlichen Vorgang: der Auferstehung von Jesus. Und genau hier scheiden sich auch die Geister darüber, wer Jesus war: War er ein Ethiker und wohlmeinender Wanderprediger, der am Ende seines recht kurzen Lebens öffentlich hingerichtet wurde – ähnlich wie beispielsweise Sokrates einige Jahrhunderte zuvor in Griechenland? Oder steckt doch mehr dahinter – schließlich hat er nicht nur eine philosophische Schule begründet, sondern die größte Weltreligion. Es lohnt sich also, diese Geschichte genauer unter die Lupe zu nehmen.

Ist Jesus wirklich auferstanden?

Weil der Glaube an den auferstandenen Jesus die Grundlage für das weitere Leben und Wirken seiner Nachfolger war – und bis heute ist –, lohnt es sich, darüber nachzudenken: Kann das wirklich so gewesen sein?

Kleiner Spoiler: Man kann es nicht beweisen. Aber es gibt gute Gründe, es zu glauben.

Die Auferstehung als historisches Ereignis kann von der modernen Forschung nur schwer akzeptiert werden. Das ist durchaus verständlich, denn weder davor noch danach hat es ein vergleichbares Ereignis gegeben. Die moderne Forschung sucht nach Analogien: Wo in der Geschichte gab es schon mal ein vergleichbares Ereignis? Dann könnte man es eher historisch für wahr halten.

Für die Auferstehung von Jesus gibt es aber keine Parallele in der Geschichte! Zwar sind in den Evangelien Berichte überliefert, wie Jesus

Menschen, die schon gestorben waren, wieder zum Leben erweckt hat. Doch die Auferstehung von Jesus ist auch damit nicht vergleichbar.[93] Die vier biblischen Quellen bezeugen, dass Jesus auferstanden ist. Wie können wir heute davon ausgehen, dass sie ihre Geschichte nicht erfunden haben? Lass uns dafür anschauen, was die Augenzeugen berichten, wie man das leere Grab deuten kann und inwiefern die Ereignisse noch heute relevant sind.

Die Augenzeugen

In allen vier Evangelien wird von der Auferstehung berichtet. Und schon immer standen der Vorwurf und der Verdacht der Täuschung im Raum. Jesus selbst hatte bereits seine Auferstehung angekündigt. Nur scheinen seine Feinde das besser in Erinnerung gehabt zu haben als seine Freunde. Denn wie Matthäus berichtet, schickten die obersten Priester Wachen an sein Grab, damit der Leichnam von Jesus nicht gestohlen und keine Auferstehung behauptet werden kann. Es scheint also schon damals der Verdacht im Raum gestanden zu haben, dass die Jünger sich etwas ausgedacht oder zumindest einen Fake daraus gemacht haben. Dass die Jünger die Auferstehung nur behauptet haben oder sie nur metaphorisch zu verstehen ist, ist ein Vorwurf, der sich bis heute hält. Wenn wir aber in die biblischen Zeugnisse schauen, scheint genau das aus mehreren Gründen äußerst unwahrscheinlich.

Zunächst haben die Jünger selbst die Auferstehung gar nicht auf dem Schirm gehabt. Anstatt auf die Erfüllung der Vorhersagen von Jesus zu warten, waren die Jünger völlig unter Schock. Sie waren nicht in der Lage, etwas zu tun, waren in Angst, rat- und mutlos. Selbst erste Berichte von der Auferstehung haben viele Nachfolger von Jesus gar nicht geglaubt. Da niemand mit der Auferstehung gerechnet hatte, wäre wohl niemand auf die Idee gekommen, sie zu erfinden.

Ein weiterer Beleg, dass die Geschichte nicht erfunden wurde, liegt in den Augenzeugenberichten vom leeren Grab. Es gibt zwar keinen Bericht darüber, wie die Auferstehung tatsächlich vonstattenging. Man weiß nur vom leeren Grab und vom Auferstandenen, jedoch nichts von dem Vorgang der Auferstehung selbst.[94] Aber man hat Berichte von Augenzeugen, die zuerst am leeren Grab waren und dann dem Auferstandenen selbst begegnet sind. Korrekterweise muss man von Zeuginnen sprechen, denn in allen Berichten waren es Frauen. Und was für uns heute selbstverständlich ist, war in der Antike ein Unding: Das Wort von Frauen galt vor Gericht nichts. Daher gibt es eigentlich keinen Grund dafür, Frauen in den Berichten als Zeuginnen zu erwähnen. Im Umkehrschluss bedeutet dies: Wären die Auferstehungsberichte erfunden, hätte man keine Frauen als Zeuginnen angegeben.[95] In einem anderen Zusammenhang berichtet der spätere Apostel Paulus ebenfalls über Jesus und legt ein Zeugnis über ihn ab.[96] In diesem Bericht verzichtet er jedoch auf den Bericht der Frauen, weil es eben juristisch nicht verwertbar war. In einer erdachten Geschichte hätte sich wohl niemand auf den Bericht der Frauen verlassen. Das deutet darauf hin, dass die Geschichte kein Fake ist.

Spannend ist auch, dass die meisten, denen Jesus erscheint, ihn nicht erkennen. Maria denkt, er sei der Gärtner[97], die Emmaus-Jünger erkennen ihn bis zum Brotbrechen gar nicht[98] und auch die Jünger am See[99] erkennen ihn erst deutlich später. Zwar isst er Fisch und ist somit wirklich leibhaftig auferstanden, dennoch sieht er offensichtlich nicht genauso aus wie der Gekreuzigte. Sie alle brauchten seine Wunden und seine Rituale (z. B. das Brotbrechen), um ihn zu erkennen.

Hätte man die Auferstehung erfunden, hätte man die Betonung wohl besonders auf sein Aussehen gelegt, nämlich dass er von allen sofort wiedererkannt worden wäre. Und dazu wäre vielleicht noch ein besonderer Machtbeweis des Auferstandenen erdacht worden.[100]

Fazit

Die Jünger hatten die angekündigte Auferstehung keineswegs
auf dem Schirm, sodass sie sie nicht hätten erfinden können.
Zudem: In der Antike wäre es unklug gewesen,
Frauen als Zeuginnen für die Auferstehungsberichte zu wählen.
Außerdem ist die Art und Weise, wie die Begegnungen
mit dem auferstandenen Jesus beschrieben werden,
sehr ungewöhnlich. Beides sind keine klugen Strategien,
um eine Auferstehungs-Geschichte zu erfinden.

Das leere Grab

Wenn Jesus tatsächlich gelebt hat, warum gibt es dann kein Grab?
Zumindest keines, in dem seine Gebeine verwahrt werden?[u] Die
Antwort ist so simpel wie komplex: Das Grab war mit Sicherheit leer,
denn sonst hätten die Jünger sich mit ihrer Behauptung lächerlich
gemacht. Jeder hätte durch den Gegenbeweis das frühe Christen-
tum im Keim ersticken können! Es ist gleichzeitig kaum vorstellbar,
dass die Römer es zugelassen hätten, dass der Leichnam eines hin-
gerichteten Aufrührers gestohlen werden könnte. Sie hatten sogar
auf Wunsch der obersten Priester und Pharisäer Wächter vor eben-
diesem Grab positioniert.[101]

Vom leeren Grab auf eine Auferstehung eines Einzelnen von den
Toten zu schließen, ist für das Judentum des 1. Jahrhunderts nicht

---

u) Jeder, der schon einmal in Jerusalem war, wird als Besucher der berühmten
»Grabeskirche Jesu« an dieser Stelle vielleicht stutzig. Es gibt also schon ein Grab,
auf das in Jerusalem die berühmte Grabeskirche gebaut wurde. Diese wird jedoch
aufgrund des nicht vorhandenen Leichnams von Jesus auch »Auferstehungskir-
che« genannt.

naheliegend. Naheliegender wäre angesichts eines leeren Grabes beispielsweise eine Entrückung. Davon gibt es im Alten Testament Berichte, zum Beispiel von Henoch oder Elia.[102] Die Jünger konnten daher nur dann von einer Auferstehung ausgehen, wenn sie ein leeres Grab vorfanden und zusätzlich noch dem Auferstandenen selbst begegneten.[103]

Fazit

Das Grab war leer.
Damit die Geschichtsschreiber auf die Idee kamen,
von leiblicher Auferstehung zu schreiben
(statt der naheliegenderen Theorie von Entrückung),
mussten sie dem auferstandenen Jesus leiblich begegnet sein.

Eine Einladung zum Glauben

In der modernen Bibelwissenschaft wird die Auferstehung immer wieder in Zweifel gezogen. Ein Grund ist, dass eine Auferstehung wissenschaftlich nicht erklärbar und somit nicht plausibel ist. Das Argument ist nicht von der Hand zu weisen, schließlich war es für die Jünger ebenso unplausibel, sodass sie selbst zunächst nicht daran geglaubt haben. Daher kann ein Fortschritt der Wissenschaft heute gegenüber der Wissenschaft vor 2000 Jahren nicht geltend gemacht werden. Auch damals war klar: Wenn jemand tot ist, wird diese Person nicht wieder lebendig.

Weiterhin wird in der heutigen Wissenschaft die metaphorische Bedeutung der Auferstehung betont und auch die Haltbarkeit der Quellen angezweifelt. Und es bleiben viele Fragen nicht vollständig geklärt und werden möglicherweise auch nie geklärt werden. Aber gerade darin liegt der Punkt des Glaubens. Wissenschaftlich nachweisen lässt sich die Auferstehung nicht. Denn wenn sie wahrscheinlich wäre, wäre sie kein Wunder. Daher ist die Auferstehung vielmehr der Punkt, an dem sich eines entscheidet: die Glaubwürdigkeit von Jesus.

Wenn Jesus nicht auferstanden ist, war er, wie Sokrates, ein netter Lehrer mit einigen hübschen Ideen, aber mehr nicht. Wenn aber die Auferstehung wahr ist, dann verleiht sie dem, was Jesus gesagt hat, echte Autorität. Und es zeigt sich, dass er wirklich Gottes Sohn ist. Dann kann man ihm wirklich jedes Wort glauben und alles, was er sagt, erhält echtes Gewicht. Und seine Auferstehung wird für uns heute eine Einladung: eine Einladung zum Glauben.

OSTER-HIGHLIGHTS

Ein echtes neues Erleben von Ostern braucht natürlich auch echte Erlebnisse! Zum Glück gibt es zahlreiche alte und neue Traditionen und Veranstaltungen rund um Ostern, die sich wirklich lohnen. Zusätzlich stellen wir dir in diesem Kapitel einige Highlights vor, die dir helfen können, Ostern neu zu erleben.

Ostern neu erleben

Wir feiern Ostern gemeinsam! Zusammen mit Gemeinden über alle konfessionellen Grenzen hinweg und mit einer eigenen Social-Media-Aktion machen wir uns auf, die ursprüngliche Bedeutung von Ostern neu zu entdecken. Du findest alle Möglichkeiten zum Mitmachen, inspirierende Videos und eine Übersicht weiterer Osterangebote im gesamten deutschsprachigen Raum auf unserer Website. Wir beantworten über das Kontaktformular gerne deine Fragen zu Ostern und dem christlichen Glauben. Und wir freuen uns, wenn du mit uns deine Erfahrungen oder Feedback teilst.

www.ostern-neu-erleben.de
Veranstalter: Weihnachten neu erleben e. V.

7 Wochen Ohne

Seit 1983 lädt *7 Wochen Ohne* – die Fastenaktion der Evangelischen Kirche – in den Wochen vor Ostern zur inneren Einkehr, zum Fasten im Kopf, ein. Menschen aller Altersgruppen in ganz Deutschland lassen sich darauf ein, Routinen zu hinterfragen und den Blick auf den Alltag zu verändern: für sich allein, in Familien oder als Fastengruppe. Die Aktion wird in jedem Jahr am Sonntag nach dem Aschermittwoch mit einem Gottesdienst eröffnet, der im ZDF übertragen wird.

Die exklusiv gestalteten Fastenkalender der *edition chrismon* begleiten die Teilnehmenden durch die Fastenzeit und die Ostertage.

www.7-wochen-ohne.de
Herausgeber: Gemeinschaftswerk der
Evangelischen Publizistik gGmbH

Ostergarten Stuttgart

Im Ostergarten Stuttgart ist die Ostergeschichte mit allen Sinnen erlebbar. Mit interaktivem Schauspiel, berührenden Filmszenen und Tänzen bietet der Ostergarten Abwechslung und Überraschungen für Groß und Klein. Die Kulissen des historischen Jerusalems befinden sich auf 4000 Quadratmetern auf einem ehemaligen Gärtnereigelände. Hier schreiten die Besucherinnen und Besucher durch das Stadttor – folgen ihrem Reisebegleiter über den Marktplatz und in über zehn weitere Räume. Immer auf den Spuren Jesu. Komm und werde ein Teil der Geschichte!

www.ostergarten-stuttgart.de
Veranstaltungsort: Stuttgart. Es gibt auch andere,
meist kleinere Ostergärten in ganz Deutschland.
Veranstalter: Ostergarten Stuttgart e. V.

Passion 21

Erlebe die Ostergeschichte auf der Bühne ganz neu. Ein Schauspiel, packend inszeniert und mit eigens dafür komponierter Musik. Fünf Charaktere erzählen emotional, greifbar und aus ihrer ganz persönlichen Perspektive, was vor mehr als 2000 Jahren in Jerusalem geschah. Und welche Rolle sie gespielt haben. Jesus ist nicht dabei, aber er ist allgegenwärtig. Das Schicksal und die Geschichten von Judas, Petrus, Maria Magdalena, dem Hohepriester Kaiphas und Pontius Pilatus sind verpackt in eine sinnliche und spektakuläre Multimedia-Schau. Das ist Theater, wie du es noch nie erlebt hast.

www.passion-21.de
Veranstaltungsorte: Wien, Wetzlar, Karlsruhe und weitere
Veranstalter: Passion e. V.

The Chosen – Die Serie

The Chosen ist eine neuartige Serie über das Leben von Jesus – also sozusagen die Vorgeschichte von Ostern – aus der Sicht der Menschen erzählt, die mit ihm unterwegs waren. Modern, spannend, humorvoll und emotional. »Gewöhn dich an Anders!«, diese Aussage von Jesus prägt nicht nur alles, was er lehrt, sondern steht auch für die Serie selbst: das größte durch Crowdfunding finanzierte Medienprojekt aller Zeiten. Anschauen kann man die Serie (kostenlos und ohne Registrierung) in der *The Chosen*-App oder auf DVD und Blu-ray.

www.the-chosen.net

DAS PROJEKT
»Weihnachten neu erleben«

Weihnachten neu erleben ist eines der größten Charity-Weihnachtsevents Deutschlands aus Karlsruhe.

Wir wünschen uns, Menschen zu inspirieren: zu Nächstenliebe, Großzügigkeit und Vergebung. Mit über 2000 ehrenamtlichen Mitarbeiterinnen und Mitarbeitern bieten wir ein unvergessliches Weihnachtserlebnis und durften bereits mehr als hunderttausend Besucher vor Ort und online begeistern.

Wir erzählen jedes Mal eine neue humorvolle und berührende Geschichte auf der Suche nach der wahren Bedeutung von Weihnachten. Und das auf einzigartige Art und Weise: mit Film, Schauspiel, Tanz, Akrobatik, Live-Band, Mega-Chor und mit den ganz großen Welt-Hits. Am Ende jeder Vorstellung haben die Besucher die Möglichkeit, Kinderhilfsprojekte finanziell zu unterstützen.

Darüber hinaus inspirieren und unterstützen wir mit den Kampagnen *24 x Weihnachten neu erleben* und *Ostern neu erleben* Gemeinden und Kirchen mit inspirierenden und mitreißenden Aktionen rund um Weihnachten und Ostern. Über alle konfessionellen Grenzen hinweg feiern wir gemeinsam die großen Feste und bringen den ursprünglichen Charakter von Weihnachten und Ostern zurück in unsere Zeit.

www.weihnachten-neu-erleben.de

DANKE

Unser Dank gilt unserem genialen Team von *Weihnachten neu erleben*. Stellvertretend für dieses Team gehört unser Dank Manuel von Kahlden, Matthias Heusser und Nina Treiber.

Danke auch allen, die uns bei der Entstehung dieses Buches unterstützt haben:

Stefan Friesen, Uli Hahn, Tabea Hayer, Bernhard Heusser, Claudia Heusser, Jeff Mirkes, Liska Speck und Simeon Speck.

Danke dem Verlagsteam der SCM, insbesondere Marcus Beier, Annalena Pabst, Hans-Werner Durau, Daniel Müller und Christian Brenner.

Ein herzlicher Dank geht an alle, die Kirche Woche für Woche gestalten. Ihr seid unsere Helden! Stellvertretend bedanken wir uns bei Sibylle und Steffen Beck, Dr. Thomas Schalla und Hubert Streckert.

Danke an alle Partner und Unterstützer, die *Weihnachten neu erleben* zu dem gemacht haben, was es heute ist.

QUELLEN UND ANMERKUNGEN

Literatur

Arnold Fruchtenbaum (2007): Das Leben des Messias. Zentrale Ereignisse aus jüdischer Perspektive. Hühnfeld: Christlicher Mediendienst.

J. John und Chris Walley (2003): The Life. A Portrait of Jesus. Milton Keynes et.al.: Authentic Lifestyle.

Timothy Keller (2014): Der zugewandte Jesus. Unerwartete Antworten auf die großen Fragen des Lebens. Gießen: Brunnen.

Timothy Keller (2012): Jesus. Seine Geschichte - unsere Geschichte. Gießen und Basel: Brunnen.

Jürgen Moltmann (2005): Theologie der Hoffnung. Untersuchungen zur Begründung und zu den Konsequenzen einer christlichen Eschatologie. Gütersloh: Gütersloher Verlagshaus.

Jürgen Moltmann (2020): Auferstanden in das ewige Leben. Über das Sterben und Erwachen einer lebendigen Seele. Gütersloh: Gütersloher Verlagshaus.

Klaus-Günter Pache (2020): Auf dem Weg nach Hause. Was die Bibel über unsere ewige Zukunft sagt. Holzgerlingen: SCM R.Brockhaus.

Benedikt XVI. Joseph Ratzinger (2011): Jesus von Nazareth. Zweiter Teil: Vom Einzug in Jerusalem bis zur Auferstehung. Freiburg im Breisgau: Herder.

Dietrich Rusam (2022): Der Evangelist. Die Autobiografie des Lukas. Gütersloh: Gütersloher Verlagshaus.

Markus Spieker (2020): Jesus. Eine Weltgeschichte. Basel: Fontis.

Anatoli Uschomirski (2019): Die Bergpredigt aus jüdischer Sicht. Was Juden und Christen gemeinsam von Jesus lernen können. Holzgerlingen: SCM Hänssler.

Nicholas Thomas Wright (2003): The Resurrection of the Son of God. London: Society for Promoting Christian Knowledge.

Online

www.bibelwissenschaft.de

Cordula Weinzierl u. Wiebke Ziegler (2020): Jesus von Nazareth. URL: https://www.planet-wissen.de/kultur/religion/jesus_von_nazareth/index.html#Der_historische_Jesus

Anmerkungen

1 Markus 10,14.

2 Römer 8,34

3 Matthäus 6,25-30.

4 Matthäus 6,27.

5 Lukas 7,13a; NGÜ.

6 Markus 3,7-10.

7 Johannes 6,26b-27a; NGÜ.

8 Lukas 2,7.

9 Johannes 1,14.

10 Lukas 5,8b.

11 Lukas 5,4.

12 Lukas 5,6-7.

13 Lukas 5,10 und Markus 1,17.

14 Matthäus 9,2.

15 Matthäus 9,6.

16 Johannes 15,15.

17 Johannes 21,9-12; EÜ.

18 Johannes 10,11.

19 Siehe den Beitrag »Osterhase« in www.wikipedia.org, letzter Zugriff am 02.05.2022.

20 Lukas 18,22.

21 Lukas 18,27.

22 Vgl. Johannes 14,6.

23 Matthäus 18,4; HFA.

24 Du kannst in das gesamte Gespräch in Johannes 19,9-11 eintauchen.

25 Schau zum Beispiel einmal hier: »Der Gott des Himmels ist es, der die Gewalt über Zeiten und Veränderungen hat. Er setzt Könige ab und setzt andere als Könige ein« (Daniel 2,21a).

26 Siehe den Beitrag »Wunder von Bern« in www.wikipedia.org, letzter Zugriff am 03.06.2022.

27 www.das-wunder-von-bern.de/hintergrund, letzter Zugriff am 03.06.2022.

28 Spieker (2020), S. 443.

29 Markus 8,31.

30 Johannes 11,50.

31 Spieker (2020), S. 412.

32 Vgl. Johannes 12,19.

33 Lukas 19,40.

34 Sacharja 9,9.

35 1. Samuel 16,7b; LUT.

36 Lukas 23,8b.

37 Lukas 19,3-4.

38 Lukas 19,5-6.

39 Lukas 19,8.

40 Matthäus 15,30.

41 Markus 1,22.

42 Lukas 4,20-21.

43 Matthäus 20,16.

44 Matthäus 5,43-44.

45 Matthäus 5,38-39; LUT.

46 Matthäus 5,48; GNB.

47 Johannes 8,7b.

48 1. Johannes 4,10.

49 Markus 9,33.

50 Johannes 13,8.

51 Johannes 13,1.

52 Johannes 13,15.17.

53 Johannes 13,34; Johannes 15,12.

54 Johannes 15,13.

55 Markus 14,33-35.

56 Vgl. Lukas 22,44.

57 Max Lucado: Staunen über den Erlöser. Holzgerlingen: SCM Hänssler 2010, S. 119. (Inzwischen leider vergriffen.)

58 Markus 14,36.

59 Max Lucado (2010), S. 119.

60 Matthäus 20,28; HFA.

61 Matthäus 26,35.

62 Johannes 19,26-27.

63 Lukas 23,34b.

64 Johannes 19,30b.

65 Siehe Fruchtenbaum (2007), S. 134-135.

66 Markus 15,39.

67 Offenbarung 21,3b-4.

68 Hier und folgend, wenn nicht anders angegeben, wird zitiert aus: http://www.das-wunder-von-bern.de/kult_radioreportage. htm, letzter Zugriff am 01.07.2022.

69 Siehe den Beitrag »Wunder von Bern« in www.wikipedia.org, letzter Zugriff am 01.07.2022.

70 Lukas 24,13-26.

71 Lukas 24,27.

72 Lukas 24,31.

73 Lukas 24,32b; EÜ.

74 Lukas 24,34.

75 Vgl. Engelbert Kirschbaum (Hg.) (1968): Lexikon der Christlichen Ikonographie. Freiburg i. Breisgau: Herder.

76 Matthäus 26,75.

77 Johannes 21,15-19.

78 Matthäus 28,20b.

79 Andreas Michalsen (2019): Mit Ernährung heilen. Berlin: Insel Verlag, S. 186-187.

80 https://www.apotheken-umschau.de/gesund-bleiben/ernaehrung/warum-fasten-gesund-ist-855739.html, letzter Zugriff am 29.06.2022.

81 Vgl. auch zur folgenden Infobox Françoise Wilhelmi de Toledo et. al.: «Safety, health improvement and well-being during a 4 to 21-day fasting period in an observational study including 1422 subjects«. PLOS ONE, 02.01.2019.

82 Wenn du tiefer einsteigen möchtest: https://www.aachener-zeitung.de/allgemeines/verstoss-gegen-fasten-einst-mit-strafe-bedroht_aid-28658889, letzter Zugriff am 29.06.2022.

83 Lukas 4,2b.

84 Hellmut Lützner (1993): Wie neugeboren durch Fasten. Abnehmen, entschlacken, entgiften. Der ärztliche Fastenführer für Gesunde mit Tagesplänen für die Fastenzeit und Anleitungen für die Aufbautage. München: Gräfe und Unzer.

85 Diese Information stammt aus dem Wikipedia-Beitrag zu»Jesus von Nazareth«.

86 Siehe den Beitrag»Biografie und Wirksamkeit« auf www.bibelwissenschaft.de, letzter Zugriff am 08.06.2022.

87 Markus 6,3.

88 Siehe den Beitrag»Biografie und Wirksamkeit« auf www.bibelwissenschaft.de, letzter Zugriff am 08.06.2022.

89 https://www.planet-wissen.de/kultur/religion/
    jesus_von_nazareth/index.html#Der_historische_
    Jesus, letzter Zugriff am 08.06.2022.

90 Markus 1,9.

91 Lukas 3,23.

92 https://www.planet-wissen.de/kultur/religion/
    jesus_von_nazareth/index.html#Der_historische_
    Jesus, letzter Zugriff am 08.06.2022.

93 Vgl. zu diesem Abschnitt Moltmann (2003),
    S. 156-165.

94 Ratzinger (2011), S. 287.

95 Keller (2014), S. 97.

96 1. Korinther 15.

97 Johannes 20,15.

98 Lukas 24,13ff.

99 Johannes 21,4ff.

100 Ratzinger (2011), S. 291.

101 Z. B. Matthäus 27, 62-66.

102 Nachzulesen hier: 1. Mose 5,24; 2. Könige 2,11.

103 Moltmann (2020), S. 10-11.

Oskar König

24 x Weihnachten neu erleben

Mit jedem Kapitel öffnen Sie eine neue Tür, wie bei
einem Adventskalender. Wohin führen diese Türen?
Mitten hinein in die größte Geschichte aller Zeiten,
die uns in der Weihnachtszeit überall umgibt.
Diese Erfahrung kann Ihr Leben verändern.

Klappenbroschur, 13,5 × 21,5 cm, 208 S.
Nr. 226.942
ISBN 978-3-417-26942-0

Dallas Jenkins, Kristen Hendricks,
Amanda Jenkins, Karoline Kuhn

Unterwegs mit Jesus
Andachten

Die Andachten in diesem Buch drehen sich alle um
die Frage, wie deine Nachfolge mehr an Klarheit und
stärkerer Überzeugung für ein Leben mit Jesus gewinnen kann. Auf der 40-tägigen Reise mit diesem Buch
treffen wir wieder auf Menschen, die Jesus vor über
zweitausend Jahren kennengelernt haben.

Gebunden, 12,5 × 18,7 cm, 240 S.
Nr. 227.000.044
ISBN 978-3-417-00044-3